미래와 통하는 책

동양북스 외국어 베스트 도서

700만 독자의 선택!

새로운 도서, 다양한 자료 동양북스 홈페이지에서 만나보세요!

www.dongyangbooks.com
m.dongyangbooks.com

※ 학습자료 및 MP3 제공 여부는 도서마다 상이하므로 확인 후 이용 바랍니다.

홈페이지 도서 자료실에서 학습자료 및 MP3 무료 다운로드

PC

❶ 홈페이지 접속 후 도서 자료실 클릭
❷ 하단 검색 창에 검색어 입력
❸ MP3, 정답과 해설, 부가자료 등 첨부파일 다운로드
* 원하는 자료가 없는 경우 '요청하기' 클릭!

MOBILE

* 반드시 '인터넷, Safari, Chrome' App을 이용하여 홈페이지에 접속해주세요. (네이버, 다음 App 이용 시 첨부파일의 확장자명이 변경되어 저장되는 오류가 발생할 수 있습니다.)

❶ 홈페이지 접속 후 ≡ 터치

❷ 도서 자료실 터치

❸ 하단 검색창에 검색어 입력
❹ MP3, 정답과 해설, 부가자료 등 첨부파일 다운로드
* 압축 해제 방법은 '다운로드 Tip' 참고

중국어뱅크

더 쉽고, 더 재미있는

THE 더 중국어

毛海燕, 심소희, 이옥주, 이재돈 지음

STEP 1

동양북스

초판 23쇄 | 2025년 2월 20일

지 은 이 | 毛海燕·심소희·이옥주·이재돈
발 행 인 | 김태웅
책임편집 | 김상현, 김수연
디 자 인 | 남은혜, 김지혜
마케팅 총괄 | 김철영
온라인 마케팅 | 신아연
제　　작 | 현대순

발 행 처 | ㈜동양북스
등　　록 | 제 2014-000055호
주　　소 | 서울시 마포구 동교로22길 14 (04030)
구입문의 | 전화 (02)337-1737　팩스 (02)334-6624
내용문의 | 전화 (02)337-1762　이메일 dymg98@naver.com

ISBN 978-89-98914-65-3　14720
ISBN 978-89-98914-64-6　14720 (세트)

ⓒ 2013. 毛海燕·심소희·이옥주·이재돈

▶ 본 책은 저작권법에 의해 보호를 받는 저작물이므로 무단 전재와 복제를 금합니다.
▶ 잘못된 책은 구입처에서 교환해 드립니다.
▶ ㈜동양북스에서는 소중한 원고, 새로운 기획을 기다리고 있습니다.
　　http://www.dongyangbooks.com

머리말

　최근 우리는 일상생활에서 중국, 중국인, 중국어를 매우 쉽게 접하게 됩니다. 이제는 한국에서도 주변에서 중국인을 만나거나 중국어를 듣는 일이 이상하게 느껴지지 않을 정도입니다. 이에 따라 중국에 대한 관심과 중국어를 배우고자 하는 열기 또한 하루가 다르게 증가하고 있습니다. 이 책은 듣기, 말하기, 읽기, 쓰기의 통합적 학습을 통하여 한국인 학습자가 중국인과 실제 상황에서 의사소통할 수 있는 능력을 기르는 데에 주안점을 두어 집필되었습니다.

　특히 이 책은 대학교 수업에서 중국어를 배우기 시작한 학습자를 위하여 한국의 대학교를 대화의 배경으로 설정하고, 한국인과 중국인 대학생들이 실제로 접하는 상황을 토대로 전 단원의 내용을 유기적으로 구성하였습니다. 한국인 학생과 중국인 학생이 학교생활을 통하여 자연스럽게 소통하며 한국과 중국에 대해 서로 이해하게 되는 과정을 스토리 형식으로 제시함으로써, 이 책을 통하여 학습하는 중국어가 학습자의 실제 상황에 직접적으로 연결되도록 하였습니다.

　또한, 간결하고 체계적인 어휘와 문법 설명, 상황을 통한 문형과 표현 연습을 통하여 모든 학습자가 중국어 회화 표현력과 의사소통 능력을 효과적으로 배양하도록 하였으며, 한자와 중국문화 소개는 대학생 학습자의 관심을 고려하여 학습 효과와 흥미 두 가지 측면을 모두 담고자 하였습니다. 이와 더불어, 보충 단어와 복습 단원, 워크북을 따로 제시하여 학습자가 자신의 학습 속도와 목적에 맞게 학습의 내용과 범위를 조절할 수 있도록 하였습니다.

　마지막으로, 이 자리를 빌려 이 책의 출판을 흔쾌히 허락해 준 동양북스에 진심으로 감사의 말씀을 전합니다.

집필진 일동

목차

머리말　3

책 속 미리보기　8

일러두기　12

중국어 알고 가기!　13

– 중국어 기본 상식 / 성모 / 운모 / 성조 / 경성 / 성조 표기 규칙 / 발음 연습 / 문장 연습

01　你好! 안녕하세요! ……………………………………………………… 023

학습목표　1. 발음 – 성모 1, 운모 1, 성조 변화 1, 성모와 운모의 결합 1 / 2. 인사하기

기본표현　1. 你好! / 2. 再见。 / 3. 谢谢! / 4. 对不起!

문법 알아보기　你，我，他(인칭대사) / 你好!

중국문화　중국인의 인사습관(1)

02　你忙吗? 바쁘세요? ……………………………………………………… 037

학습목표　1. 발음 – 성모 2, 운모 2, 성조 변화 2, 성모와 운모의 결합 2 / 2. 근황 표현하기 / 3. 가는 곳 묻고 답하기

기본표현　1. 你忙吗? / 2. 我很忙。 / 3. 你去哪儿? / 4. 我不去咖啡馆。

문법 알아보기　我很忙。(형용사 술어) / 我去咖啡馆。(동사 술어) / 你忙吗? (의문조사 吗), 你去哪儿? (의문대사 哪儿)

중국문화　중국인의 인사습관(2)

03　你叫什么名字? 이름이 뭐예요? …………………………………… 055

학습목표　1. 발음 – 운모 3, 운모 4, 성모와 운모의 결합 3 / 2. 자기소개하기

기본표현　1. 你叫什么名字? / 2. 我是韩国人。 / 3. 我家在新村。 / 4. 你的手机号码是多少?

문법 알아보기　你叫什么名字? (의문대사 什么 + 명사) / 我是韩国人。(동사 是) / 我家在新村。(동사 在) / 你的手机号码是多少? (의문대사 多少)

중국문화　중국인이 좋아하는 숫자

04 你学什么? 당신은 무엇을 배우세요? 073

학습목표	1. 추측 표현하기 / 2. 학습에 대해 묻고 답하기
기본표현	1. 你是大学生吧? / 2. 你上几年级? / 3. 你学什么? / 4. 汉语难不难?
문법 알아보기	你是大学生吧? (어기조사 吧) / 你上几年级? (의문대사 几) / 你学什么? (의문대사 什么) / 汉语难不难? (정반의문문)
중국문화	중국의 학교 교육

05 今天星期几? 오늘은 무슨 요일이에요? 087

학습목표	1. 날짜, 요일 묻고 답하기 / 2. 생일 축하 표현하기 / 3. 계획 묻고 답하기
기본표현	1. 你的生日是几月几号? / 2. 今天星期几? / 3. 晚上你做什么? / 4. 我去新村见朋友。
문법 알아보기	我的生日是三月十四号。(년, 월, 일, 요일) / 明天十号。(명사술어문) / 晚上我见朋友。(시간사) / 我去新村见朋友。(연동문)
중국문화	중국의 명절

06 复习 01~05课 복습 01~05과 101

발음	성조 표기 규칙 / 운모 표기 규칙 / 격음 부호 규칙
단어	명사 / 동사 / 형용사 / 어기조사 / 부사 / 의문대사
기본표현	인사 / 근황 / 자기소개 / 추측 표현 / 학교 생활 / 날짜와 요일 / 계획
문법	是 / 在 / 吧 / 정반의문문 / 명사술어문 / 연동문

07 他在公司工作。 그는 회사에서 일해요. ……………… 109

- **학습목표** 1. 가족 묻고 답하기 / 2. 나이와 직업 표현하기 / 3. 외모 묘사하기
- **기본표현** 1. 你家有几口人? / 2. 他在公司工作。 / 3. 他工作忙吗? / 4. 她有男朋友吗?
- **문법 알아보기** 他在公司工作。(개사 在 + 장소) / 他工作很忙。(주술술어문) / 她有男朋友。(소유 有) / 她今年多大? (나이 묻는 방식)
- **중국문화** 중국의 가정

08 你想吃什么? 무엇을 먹고 싶으세요? ……………… 123

- **학습목표** 1. 시간 묻고 답하기 / 2. 약속하기 / 3. 희망 표현하기
- **기본표현** 1. 你几点上课? / 2. 下课以后一起吃晚饭吧。 / 3. 我给你打电话。 / 4. 你想吃什么?
- **문법 알아보기** 现在三点十分。(시, 분) / 下课以后我们一起吃饭吧。(어기조사 吧) / 我想吃拌饭。(조동사 想) / 韩国菜有点儿辣。(부사 有点儿)
- **중국문화** 중국의 4대 요리

09 你喜欢做什么? 당신은 무엇하는 것을 좋아하세요? ……………… 137

- **학습목표** 1. 취미 묻고 답하기 / 2. 능력 표현하기 / 3. 과거 표현하기
- **기본표현** 1. 你喜欢做什么? / 2. 不会，有时间你教我吧。 / 3. 昨天你做什么了? / 4. 我跟你一起去。
- **문법 알아보기** 我会游泳。(조동사 会) / 我喜欢游泳。(동사 喜欢) / 我跟你一起去。(개사 跟) / 昨天我见朋友了。(어기조사 了)
- **중국문화** 중국의 아침 문화

10 你在做什么? 무엇을 하고 있나요? — 151

- **학습목표** 1. 진행 나타내기 / 2. 가까운 미래 말하기 / 3. 정도 표현하기
- **기본표현** 1. 你在做什么? / 2. 快期末考试了。 / 3. 我得学习。 / 4. 期中考试考得不好。
- **문법 알아보기** 我在上网查资料。(부사 在) / 明天得交报告。(조동사 得) / 快期末考试了。(快……了) / 期中考试考得不好。(구조조사 得)
- **중국문화** 중국의 대학생활

11 你去过上海吗? 상해에 가본 적 있나요? — 165

- **학습목표** 1. 계획 묻고 답하기 / 2. 경험 묻고 답하기 / 3. 의견 표현하기
- **기본표현** 1. 我要打工。 / 2. 我打算去中国旅行。 / 3. 你去过上海吗? / 4. 我很想去看看。
- **문법 알아보기** 我要打工。(조동사 要) / 我打算去中国旅行。(동사 打算) / 我去过上海。(과거의 경험 过) / 我想去看看。(동사중첩)
- **중국문화** 중국 여행

12 复习 07~11课 복습 07~11과 — 179

- **단어 및 문형** 시간 / 음식 / 취미 / 일과 및 학습활동
- **기본표현** 가족 / 나이 / 직업 / 시간 / 음식 맛 / 소망 / 취미 / 능력 / 제안 / 계획 / 경험 / 의견
- **문법** 在 / 有 / 吧 / 有点儿 / 개사의 용법 / 了 / 过 / 得(de) / 동사중첩 / 조동사의 용법

부록

모범답안 및 녹음 스크립트　188
본문 해석　200

책 속 미리보기

본 문

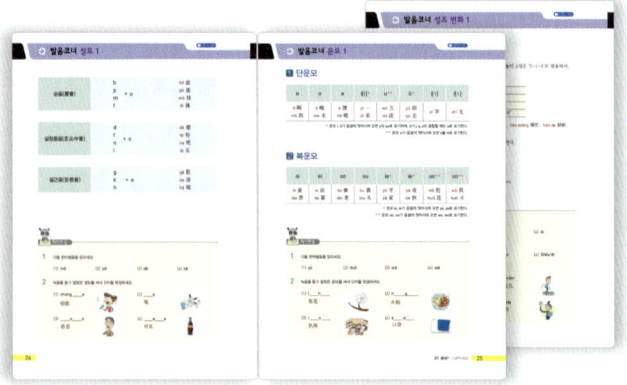

발음코너

중국어의 성모, 운모, 성조를 배울 수 있는 코너로 내용을 1~3과까지 나누어 자세히 담았으며, 배운 내용을 확인학습을 통해 복습할 수 있습니다.

단어 미리 보기

본문에 나오는 단어를 미리 알아볼 수 있는 코너입니다.

발음연습

성조와 한어병음을 연습할 수 있는 코너로 복습 과를 제외한 모든 과에 있으며, 학생들은 발음연습을 통해 취약한 성조를 완벽하게 마스터 할 수 있습니다.

문장 미리 듣기

본문에 나오는 주요 문장을 문장형식에 맞게 짧은 문장에서 긴 문장으로 확장해 보며 미리 듣고 따라 해보는 코너입니다.

회화1, 2

각 과의 문법 내용을 기준으로 하여 문장을 뽑아 실제 상황과 흡사하게 구성하였습니다. 또한 본문에 대한 확인학습을 수록하였으며, 일부 내용은 Tip을 두어 보충설명 했습니다.

교체연습

회화에 나오는 주요 내용을 새로운 단어로 교체해보며 확장 연습을 할 수 있는 코너입니다. 교체단어의 뜻은 옆에 정리된 보충단어를 보며 바로 익힐 수 있게 했습니다.

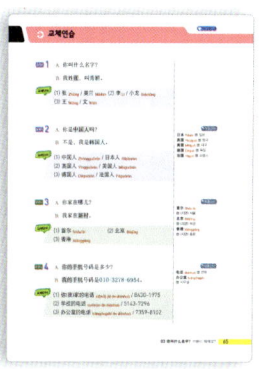

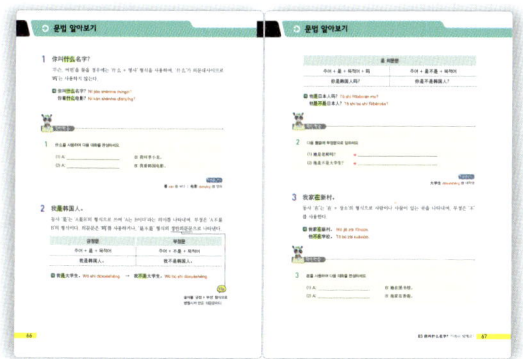

문법 알아보기

중국어 기초 학습자들에게 꼭 필요한 문법만을 뽑아 담았으며, 어려운 문법을 바로 복습하며 숙지할 수 있게 확인학습을 수록하였습니다.

확인문제

앞에서 배운 내용을 토대로 듣기와 쓰기, 말하기를 골고루 연습할 수 있게 문제를 선별하였습니다.

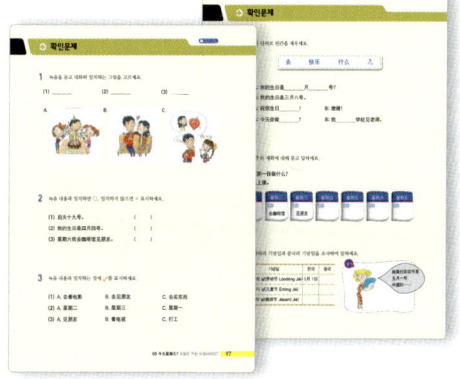

책 속 미리보기

보충단어
본문에서 자세히 학습하지 못한 단어를 선별하여 사진을 보고 의미를 유추해보며 학습할 수 있는 코너입니다.

추리코너
사진 속에 있는 표현과 단어를 보고 뜻을 유추해보는 코너입니다.

중국문화
각 과의 내용과 관련 있는 중국문화를 사진과 함께 이해하기 쉽게 담았습니다.

복습

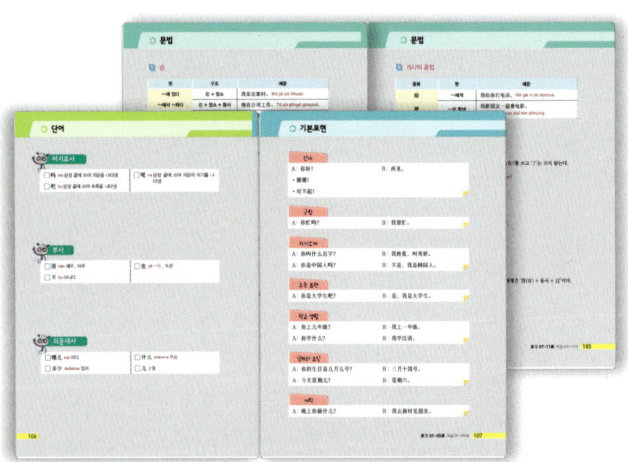

복습
1~5과 / 7~11과에 나왔던 내용을 단어와 기본표현, 문법으로 나누어 정리하여 한 번 더 복습할 수 있게 했습니다.

워크북

발음 연습

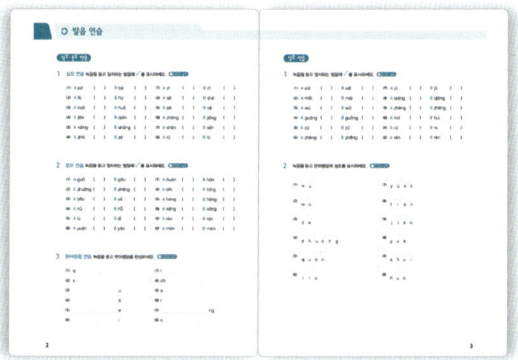

본책에서 배웠던 성모와 운모, 성조를 복습할 수 있도록 보다 다양하고 많은 문제를 실었습니다.

간체자 쓰기

본책에 나오는 단어 중 초보 학습자에게 꼭 필요한 간체자의 글자 획순과 본문단어를 제시하여 쓰기 연습을 할 수 있도록 했습니다.

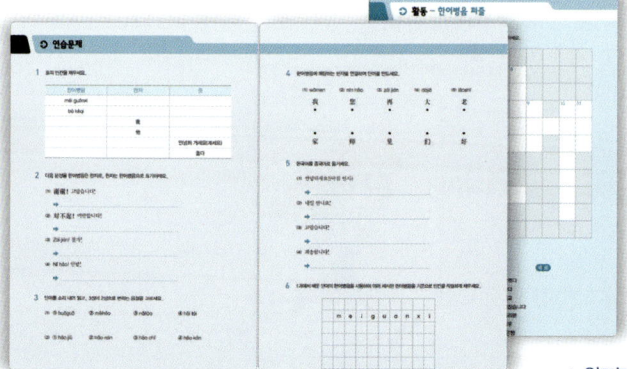

연습문제

본책에 있는 확인문제의 확장연습으로 한어병음과 쓰기연습을 강화할 수 있는 문제로 구성되었습니다.

활동

2과에 하나씩 구성된 활동을 통해 보다 더 재미있게 중국어를 학습할 수 있습니다.

★ 워크북 답안은 www.dongyangbooks.com에 접속하시어 MP3&자료실에서 다운받으실 수 있습니다.

일러두기

한어병음 띄어쓰기

- 이합동사는 모두 띄었습니다.
- 품사는 없지만 고유명사처럼 사용되고 있는 단어는 모두 붙였습니다.
- 4개의 단어로 된 성어, 명사 등은 2개씩 띄었습니다.

단어의 품사약어

명사	명	형용사	형	인칭대사	대
동사	동	조동사	조동	의문대사	
부사	부	접속사	접	지시대사	
수사	수	감탄사	감	어기조사	조
양사	양	접두사	접두	시태조사	
개사	개	접미사	접미	구조조사	
겸어	겸어	수량사	수량		

등장인물

장수연(张秀妍) – 한국인
중국어를 공부하며, 조용한 성격에 공부 잘하는 20살

김재민(金在民) – 한국인
중국어를 공부하며, 쾌활한 성격에 리더십이 강한 21살

쟈쟈(佳佳) – 중국인
한국에 교환학생으로 온, 예쁘게 생기고 새침한 21살

리양(李阳) – 중국인
한국에 교환학생으로 온, 준수한 외모에 매너가 넘쳐 인기 많은 20살

로라(罗拉) – 미국인
한국에 교환학생으로 온, 덜렁대고 엉뚱하지만 재미있는 22살

중국어 알고 가기!

학습목표

1. 중국어 기본 상식
2. 성모
3. 운모
4. 성조
5. 경성
6. 성조 표기 규칙
7. 발음 연습
8. 문장 연습

1. 중국어 기본 상식

1 중국어

중국어는 세계에서 사용 인구가 가장 많은 언어이다. 세계 인구의 약 1/5을 차지하는 13억 중국인뿐만 아니라 아시아와 구미 지역에 거주하는 중국계 이민자들의 수를 합하면 중국어 사용 인구는 영어 사용 인구의 약 3배에 달한다. 표준중국어는 **보통화(普通话 Pǔtōnghuà)**로, 북경(北京 Běijīng) 말소리 체계와 백화문(표준적 현대 입말에 기초한 글말)의 문법을 토대로 규범화된 언어이다. 중국에서는 한족의 언어라는 의미인 **한어(汉语 Hànyǔ)**라는 명칭도 많이 사용하며, 대만에서는 국어(国语 Guóyǔ), 싱가폴, 말레이시아 등의 중국어권에서는 화어(华语 Huáyǔ)라고도 한다. 넓은 영토와 많은 인구, 다양한 민족으로 구성된 나라인 만큼 중국어는 관화(官话 Guānhuà), 오(吴 Wú), 감(赣 Gàn), 상(湘 Xiāng), 민(闽 Mǐn), 객가(客家 Kèjiā), 월(粤 Yuè) 등의 방언을 포함한다. 표준어인 보통화는 관화방언에 기초한 언어이다.

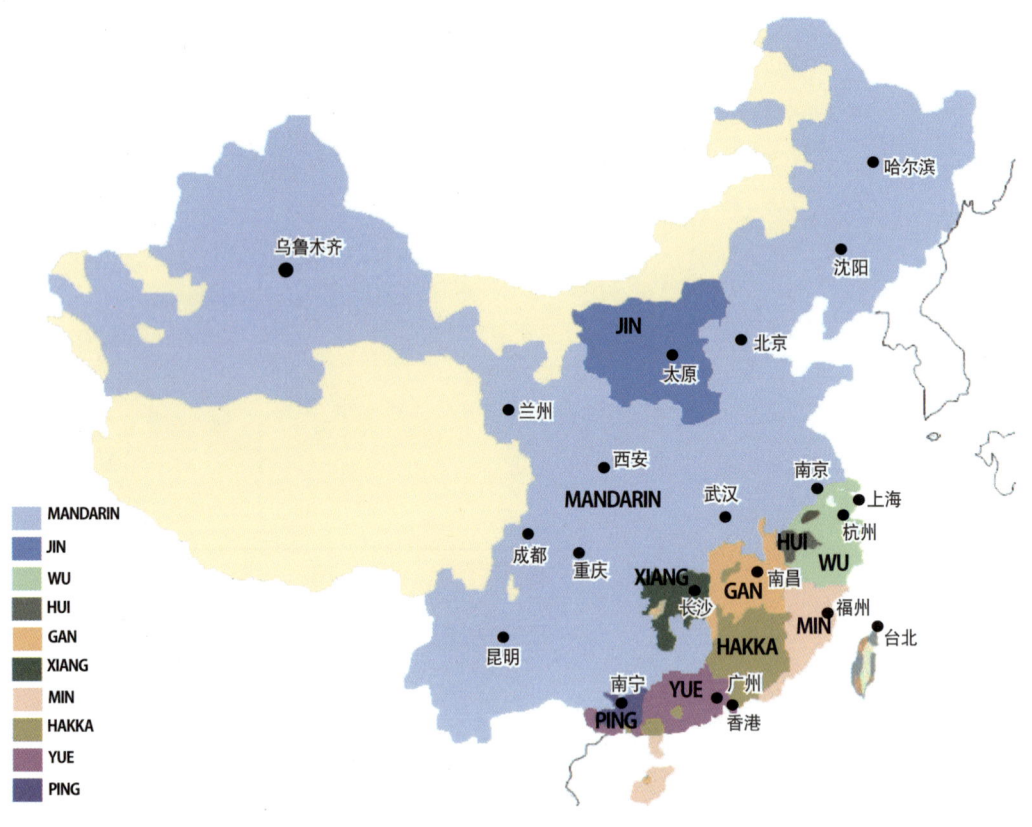

★ 중국의 방언 종류와 분포를 나타내는 지도

2 간체자

중국 정부는 한자의 획을 줄여서 쉽게 익히고 쓸 수 있도록 만들었는데, 이를 **간체자(简体字)** 또는 간화자(简化字)라고 하며 현재 그 수는 약 2,200여 개다. 현재 한국, 대만 등지에서는 간화되지 않은 번체자(繁体字)를 사용한다.

漢語 번체자   汉语 간체자

3 한어병음

한어병음은 자음과 모음을 나타내는 로마자 기호에 성조 부호를 얹어서 중국어의 발음을 표기하는 수단이다. 중국어의 말소리를 표기하는 체계이기 때문에 영어의 알파벳과 발음이 동일하지 않다.

4 중국어의 음절 구조

중국어에서 각 음절은 특정한 의미를 전달하는 의사소통의 중요한 단위이다. 음절은 성모, 운모, 성조의 세 요소로 구성되어 있다. 성모는 음절의 처음 소리이며, 운모는 성모를 제외한 나머지 부분이다. 성조는 음의 높낮이로 성모와 운모가 결합한 음절 위에 얹혀 소리 난다.

2. 성모

중국어 음절에서 첫머리에 나오는 자음을 말한다.

쌍순음(双唇音) b p m (+o)	bō 波 pó 婆 mǒ 抹
순치음(唇齿音) f (+o)	fó 佛
설첨중음(舌尖中音) d t n l (+e)	dé 德 tè 特 ne 呢 lè 乐
설근음(舌根音) g k h (+e)	gē 歌 kè 课 hē 喝
설면음(舌面音) j q x (+i[i])	jī 鸡 qī 七 xī 西
설첨전음(舌尖前音) z c s (+i[ɿ])	zì 字 cì 次 sì 四
설첨후음(舌尖后音) zh ch sh r (+i[ʅ])	zhǐ 纸 chī 吃 shí 十 rì 日

3. 운모

중국어 음절에서 성모를 제외한 나머지 부분을 말한다.

운모 1

a	o	e	i*	u*	ü*
ā 啊	ó 哦	è 饿	yī 一	wǔ 五	yǔ 雨

*i, ü, u가 단독으로 음절이 구성되면 yi, yu, wu로 표기한다.

운모 2

ai	ài 爱	ao	ào 傲	ei	èi 诶	ou	ǒu 偶		
an	ān 安	en	ēn 恩	ang	áng 昂	eng	èng 嗯	ong	róng 容
ia**	yá 牙	ie**	yè 夜	iao**	yào 药	iou**	yǒu 有		
ian**	yǎn 眼	in**	yīn 音	iang**	yáng 羊	ing**	yǐng 影	iong**	yòng 用
üe	yuè 月	üan	yuǎn 远	ün	yún 云				
ua**	wā 挖	uo**	wǒ 我	uai**	wāi 歪	uei**	wèi 味		
uan**	wǎn 晚	uen**	wèn 问	uang**	wáng 王	ueng**	wēng 翁		
i (설첨운모)	zì 字		zhī 支						
er (권설운모)	èr 二								

**i, u로 시작하는 운모가 음절의 첫머리에 오면 y와 w로 표기한다.

알고가기

얼화(儿化)

운모 뒤에 er 소리를 붙여 발음하는 현상을 '얼화(儿化)'라고 한다. 한자로는 '儿'이라고 쓰며, 한어병음으로 표기할 때는 e를 생략하고 r만 붙여 나타낸다. '얼화(儿化)'로 품사나 의미가 변하기도 하는데, 종종 작고 귀여운 의미를 표현한다. 얼화(儿化)를 하는 방법은 아래와 같다.

▶ a, -o, -e, -u 뒤에서는 그대로 r을 붙여 발음한다.
  예 huà + er → huàr(画儿)   zhè + er → zhèr(这儿)
▶ n과 i 뒤에서는 n과 i가 탈락하고 r을 붙여 발음한다.
  예 yìdiǎn + er → yìdiǎnr(一点儿)   yíhuì + er → yíhuìr(一会儿)

4. 성조

중국어의 음절에는 고유한 음높이인 성조(声调 shēngdiào)가 있으며, 성모와 운모가 같더라도 성조가 다르면 의미가 달라진다. 보통화에는 네 가지 성조가 있다.

1성	처음부터 마지막까지 높은 음을 유지하는 소리이며, '—'로 표기한다.
2성	편안한 중간 정도에서 시작해서 높은 음으로 올리는 소리이며, '／'로 표기한다.
3성	가장 낮은 음으로 내는 소리이며, '∨'로 표기한다.
4성	가장 높은 음에서 가장 낮은 음으로 빠르게 떨어뜨리며 내는 소리이며, '＼'로 표기한다.

1성	2성	3성	4성
八 bā	拔 bá	把 bǎ	爸 bà
8, 여덟	뽑다	잡다	아빠
妈 mā	麻 má	马 mǎ	骂 mà
엄마	삼, 마	말	꾸짖다

5. 경성

1성-4성 이외에, 정해진 음높이 없이 가볍고 짧게 발음하는 경성(轻声 qīngshēng)이 있다. 경성은 앞에 오는 성조에 따라 음높이가 결정되며, 성조 표시는 하지 않는다.

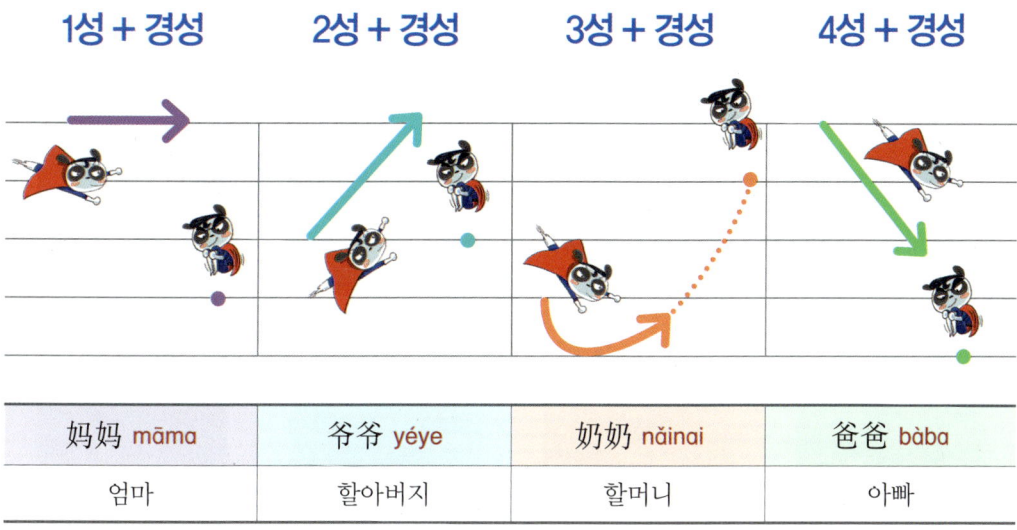

6. 성조 표기 규칙

성조는 모음 a, o, e, i, u, ü 위에 표기하는데, 모음이 둘 이상인 경우에는 발음할 때 입을 더 크게 벌리는 모음 위에 표기한다. 단, 모음 i, u가 함께 있으면 두 번째 모음 위에 표기한다.
예 jiào 叫, zǒu 走

- i 위에 표기할 때는 i 위의 점을 생략하고 표기한다. 예 qǐng 请
- i와 u가 나란히 있으면 뒤의 모음에 표기한다. 예 duì 对, diū 丢

7. 발음 연습

1음절 단어

다음 1음절 단어를 잘 듣고 따라 읽으세요.

汤 tāng 탕, 국	糖 táng 사탕	躺 tǎng 눕다	烫 tàng 뜨겁다
东 dōng 동	西 xī 서	南 nán 남	北 běi 북
春 chūn 봄	夏 xià 여름	秋 qiū 가을	冬 dōng 겨울
听 tīng 듣다	说 shuō 말하다	读 dú 읽다	写 xiě 쓰다

2음절 단어

다음 2음절 단어를 잘 듣고 따라 읽으세요.

1성 + 1성	1성 + 2성	1성 + 3성	1성 + 4성
西瓜 xīguā 수박	中国 Zhōngguó 중국	歌手 gēshǒu 가수	医院 yīyuàn 병원
2성 + 1성	**2성 + 2성**	**2성 + 3성**	**2성 + 4성**
吉他 jítā 기타	足球 zúqiú 축구	游泳 yóuyǒng 수영	学校 xuéxiào 학교
3성 + 1성	**3성 + 2성**	**3성 + 3성**	**3성 + 4성**
手机 shǒujī 휴대전화	草莓 cǎoméi 딸기	首尔 Shǒu'ěr 서울	可乐 kělè 콜라
4성 + 1성	**4성 + 2성**	**4성 + 3성**	**4성 + 4성**
唱歌 chàng gē 노래하다	面条 miàntiáo 국수	电脑 diànnǎo 컴퓨터	睡觉 shuì jiào 자다

8. 문장 연습

다음 문장을 잘 듣고 따라 읽으세요.

我爱你。 Wǒ ài nǐ.
나는 당신을 사랑합니다.

我想你。 Wǒ xiǎng nǐ.
나는 당신을 그리워합니다.

真棒！ Zhēn bàng!
대단해요!

加油！ Jiāyóu!
파이팅!

교실 용어

开始上课。 Kāishǐ shàng kè. 수업을 시작하겠습니다.
现在点名。 Xiànzài diǎn míng. 이제 출석을 부를게요.
　➡ 到。 Dào. 네.
跟我读。 Gēn wǒ dú. 저와 함께 읽어봅시다.
你来念。 Nǐ lái niàn. 읽어보세요.
看黑板。 Kàn hēibǎn. 칠판을 보세요.
做练习。 Zuò liànxí. 연습을 해보세요.
请再说一遍。 Qǐng zài shuō yí biàn. 다시 한 번 말해주세요.
懂了吗？ Dǒng le ma? 이해했습니까?
　➡ 懂了。 Dǒng le. 이해했어요. / 不懂。 Bù dǒng. 이해하지 못했어요.
现在下课。 Xiànzài xià kè. 이제 수업을 마치겠습니다.

01

你好！
안녕하세요!

학습목표

1. 발음 – 성모 1, 운모 1, 성조 변화 1, 성모와 운모의 결합 1
2. 인사하기

기본표현

1. 你好！
2. 再见。
3. 谢谢！
4. 对不起！

발음코너 성모 1

순음(脣音)	b p + o m f	bō 波 pó 婆 mǒ 抹 fó 佛
설첨중음(舌尖中音)	d t + e n l	dé 德 tè 特 ne 呢 lè 乐
설근음(舌根音)	g k + e h	gē 歌 kè 课 hē 喝

확인학습

1 다음 한어병음을 읽으세요.

(1) mā　　(2) pō　　(3) dē　　(4) kē

2 녹음을 듣고 알맞은 성모를 써서 단어를 완성하세요.

(1) chang____e　　　　(2) ____e　　
　　　唱歌　　　　　　　　　　　　　　喝

(3) ____a____a　　　　(4) ____e____e　　
　　　爸爸　　　　　　　　　　　　　　可乐

24

발음코너 운모 1

1 단운모

a	o	e	i[i]*	u**	ü*	i[ㅣ]	i[ㅣ]
ā 啊 mā 妈	ó 哦 mò 末	è 饿 hē 喝	yī 一 dì 弟	wǔ 五 dú 读	yǔ 雨 qù 去	zì 字	zhī 支

* 운모 i, ü가 음절의 첫머리에 오면 y와 yu로 표기하며, ü가 j, q, x와 결합할 때는 u로 표기한다.

** 운모 u가 음절의 첫머리에 오면 u를 w로 표기한다.

2 복운모

ai	ei	ao	ou	ia*	ie*	ua**	uo**
ài 爱 dài 带	èi 诶 lèi 累	ào 傲 lǎo 老	ǒu 偶 tóu 头	yá 牙 jiā 家	yè 夜 tiě 铁	wā 挖 huā 花	wǒ 我 huǒ 火

* 운모 ia, ie가 음절의 첫머리에 오면 ya, ye로 표기한다.

** 운모 ua, uo가 음절의 첫머리에 오면 wa, wo로 표기한다.

확인학습

1 다음 한어병음을 읽으세요.

(1) yǔ (2) duō (3) wā (4) xiě

2 녹음을 듣고 알맞은 운모를 써서 단어를 완성하세요.

(1) l___h___ 梨花

(2) h___g___ 火锅

(3) r___n___ 热闹

(4) k___d___ 口袋

발음코너 성조 변화 1

3성 변화

- 단독으로 발음할 때와 느린 속도로 말할 때 문장 끝에 놓인 3성은 '2-1-4'로 발음하며, 3성 뒤에 1, 2, 4성이 있을 때에는 '2-1'로 발음한다.

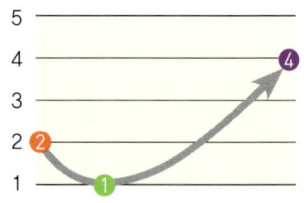
예 hǎo 好, shuǐ 水, xǐ 洗

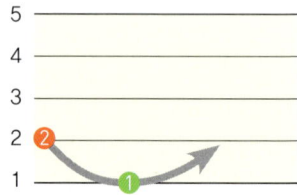
예 lǎoshī 老师, hěn máng 很忙, hǎo de 好的

- 3성과 3성이 연이어 있을 때 앞의 3성은 2성으로 변화한다.

3성 nǐ + 3성 hǎo ➡ 2성 ní + 3성 hǎo

예 Nǐ hǎo 你好, xǐ zǎo 洗澡, Shǒu'ěr 首尔

Tip 3성은 성조가 변화하더라도 한어병음에서는 원래의 3성으로 표기한다.

예 Nǐ hǎo 你好, hěn hǎo 很好

확인학습

1 다음 한어병음을 읽으세요.

(1) nǎo   (2) hǎi   (3) nǐ   (4) ǎi

2 3성 변화에 주의하여 다음 한어병음을 읽으세요.

(1) shuǐguǒ   (2) shǒubiǎo   (3) xǐzǎo   (4) Shǒu'ěr

3 녹음을 듣고 성조에 주의하여 다음 단어를 따라 읽으세요.

(1) hǎochī
好吃

(2) hǎowánr
好玩儿

(3) hǎokàn
好看

(4) hǎo de
好的

발음코너 성모와 운모의 결합 1

성모와 a-, e-, o- 운모의 결합 — 아래 빨간색으로 표시한 모음은 주요모음을 뜻합니다.

	ai	ao	ei	ou	an	en	ang	eng	ong
b	bai	bao	bei		ban	ben	bang	beng	
p	pai	pao	pei	pou	pan	pen	pang	peng	
m	mai	mao	mei	mou	man	men	mang	meng	
f			fei	fou	fan	fen	fang	feng	
d	dai	dao	dei	dou	dan	den	dang	deng	dong
t	tai	tao		tou	tan		tang	teng	tong
n	nai	nao	nei	nou	nan	nen	nang	neng	nong
l	lai	lao	lei	lou	lan		lang	leng	long
g	gai	gao	gei	gou	gan	gen	gang	geng	gong
k	kai	kao	kei	kou	kan	ken	kang	keng	kong
h	hai	hao	hei	hou	han	hen	hang	heng	hong
j									
q									
x									
z	zai	zao	zei	zou	zan	zen	zang	zeng	zong
c	cai	cao		cou	can	cen	cang	ceng	cong
s	sai	sao		sou	san	sen	sang	seng	song
zh	zhai	zhao	zhei	zhou	zhan	zhen	zhang	zheng	zhong
ch	chai	chao		chou	chan	chen	chang	cheng	chong
sh	shai	shao	shei	shou	shan	shen	shang	sheng	
r		rao		rou	ran	ren	rang	reng	rong
성모가 없을 때	ai	ao	ei	ou	an	en	ang	eng	

단어 미리 보기

1 회화

- 你 nǐ — 때 너, 당신
- 好 hǎo — 형 안녕하다, 좋다
- 再见 zài jiàn — 안녕히 가세요 / 계세요

2 회화

- 谢谢 xièxie — 고맙습니다
- 不客气 bú kèqi — 천만에요
- 对不起 duìbuqǐ — 미안합니다
- 没关系 méi guānxi — 괜찮습니다

발음 연습

1 녹음을 듣고 한어병음에 성조를 표시하세요.

2 녹음을 듣고 한어병음을 쓰세요.

A　Nǐ hǎo!

B　Nǐ _____!

A　Xièxie!

B　_____ kèqi!

A　_____!

B　_____ guānxi.

회화 1

秀妍　你好!
　　　Nǐ hǎo!

李阳　你好!
　　　Nǐ hǎo!

在民　再见。
　　　Zài jiàn.

李阳　再见。
　　　Zài jiàn.

회화 2

佳佳 **Xièxie!**
　　　谢谢!

在民 **Bú kèqi!**
　　　不客气!

李阳 **Duìbuqǐ!**
　　　对不起!

秀妍 **Méi guānxi.**
　　　没关系。

교체연습

회화1 1 你好!

교체단어 (1) 您 nín   (2) 老师 lǎoshī

보충단어
您 nín 때 (你의 존칭) 당신
老师 lǎoshī 몡 선생님

회화1 2 再见。

교체단어 (1) 明天 míngtiān   (2) 一会儿 yíhuìr

보충단어
明天 míngtiān 몡 내일
一会儿 yíhuìr 면 곧, 얼마 안 있어

회화2 3 A: 谢谢!
         B: 不客气!

교체단어 (1) 不谢 bú xiè   (2) 不用谢 búyòng xiè

보충단어
不用 búyòng
동 ~할 필요가 없다

회화2 4 A: 对不起!
         B: 没关系。

교체단어 (1) 抱歉 bào qiàn   (2) 不好意思 bù hǎoyìsi

보충단어
抱歉 bào qiàn
동 미안해하다
不好意思 bù hǎoyìsi
계면쩍다

→ 문법 알아보기

1 你, 我, 他

인칭	단수	복수(단수 + 们 men)
1인칭	我 wǒ	我们 wǒmen
2인칭	你 nǐ / 您 nín	你们 nǐmen
3인칭	他 tā / 她 tā / 它 tā	他们 tāmen / 她们 tāmen / 它们 tāmen

확인학습

1 다음 문장을 중국어로 옮기세요.

(1) 그 ➡ _____ (2) 그녀들 ➡ _____

(3) 우리 ➡ _____ (4) 그것 ➡ _____

🔖 보충단어

我 wǒ 때 나, 저 | 们 men 접미 ~들 | 他 tā 때 (3인칭 남자) 그 | 她 tā 때 (3인칭 여자) 그녀 | 它 tā 때 (3인칭 사물, 동물) 그것

2 你好!

'你好'는 만날 때 나누는 인사로, '好' 앞에 사람이나 시간을 나타내는 표현이 온다.

예 大家好! Dàjiā hǎo!   老师好! Lǎoshī hǎo!
   早上好! Zǎoshang hǎo! 晚上好! Wǎnshang hǎo!

확인학습

2 다음 문장을 중국어로 옮기세요.

(1) 안녕하세요!(아침 인사) ➡ _____

(2) 선생님, 안녕하세요! ➡ _____

🔖 보충단어

大家 dàjiā 때 여러분 | 早上 zǎoshang 명 아침 | 晚上 wǎnshang 명 저녁

확인문제

1 녹음을 듣고 일치하는 발음에 ✓를 표시하세요.

(1) A. pà ( ) B. fà ( )   (2) A. dì ( ) B. tì ( )
(3) A. nǔ ( ) B. lǔ ( )   (4) A. kè ( ) B. hè ( )
(5) A. mǎi ( ) B. měi ( )   (6) A. gào ( ) B. gòu ( )
(7) A. huā ( ) B. huō ( )   (8) A. liǎ ( ) B. liě ( )

2 녹음을 듣고 한어병음에 성조를 표시하세요.

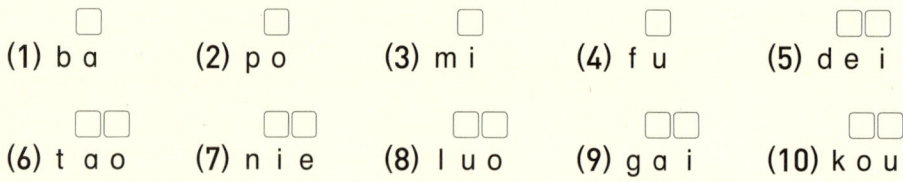

(1) b a   (2) p o   (3) m i   (4) f u   (5) d e i
(6) t a o (7) n i e (8) l u o (9) g a i (10) k o u

3 녹음을 듣고 대화와 일치하는 그림을 고르세요.

(1) _____   (2) _____   (3) _____

A.   B.   C.

보충단어

 사진을 보고 단어의 뜻을 유추하세요.

早安 zǎo' ān

晚安 wǎn' ān

拜拜 bàibai

- 拜拜는 영어의 bye bye를 소리 나는 대로 표기한 것으로 회화에서는 보통 báibai처럼 2성으로 읽습니다.

嗨 hāi

 사진 속의 한자를 보고 무슨 뜻인지 유추하세요.

中国 Zhōngguó

欢迎 huānyíng

중국인의 인사 습관(1)

认识你很高兴! Rènshi nǐ hěn gāoxìng!
(만나 뵙게 되어 반갑습니다!)
请多关照! Qǐng duō guānzhào!
(잘 부탁합니다!)

好久不见! Hǎojiǔ bújiàn!
(오랜만에 뵙습니다!)
你好吗? Nǐ hǎo ma? (잘 지내셨어요?)

欢迎光临! Huānyíng guānglín!
(어서 오십시오!)

慢走! Màn zǒu! (살펴 가세요!)
留步! Liú bù! (나오지 마세요!)

 중국인들은 상대방과 상황에 따라 조금씩 다른 방식으로 인사를 나눈다. 상대방이 처음 만난 사람이거나 어른인 경우 认识你很高兴! Rènshi nǐ hěn gāoxìng!이나 请多关照! Qǐng duō guānzhào! 등과 같이 예의를 갖춘 인사를 나누며, 오랜만에 만난 가까운 사이의 사람에게는 好久不见! Hǎojiǔ bújiàn!, 你好吗? Nǐ hǎo ma? 등으로 친근하게 인사한다. 상점이나 식당에서는 손님의 방문을 환영한다는 의미에서 欢迎光临! Huānyíng guānglín! 이라고 인사하며, 헤어질 때 주인은 손님에게 慢走! Màn zǒu!, 손님은 주인에게 留步! Liú bù!라고 말한다.

02 你忙吗?
바쁘세요?

학습목표

1. 발음 – 성모 2, 운모 2, 성조 변화 2, 성모와 운모의 결합 2
2. 근황 표현하기
3. 가는 곳 묻고 답하기

기본표현

1. 你忙吗?
2. 我很忙。
3. 你去哪儿?
4. 我不去咖啡馆。

발음코너 성모 2

설면음(舌面音)	j q + i[i] x	jī 鸡 qī 七 xī 西
설첨전음(舌尖前音)	z c + i[ɿ] s	zì 字 cì 次 sì 四
설첨후음(舌尖后音)	zh ch sh + i[ʅ] r	zhǐ 纸 chī 吃 shí 十 rì 日

확인학습

1 다음 한어병음을 읽으세요.

　　(1) qù　　　　(2) chī　　　　(3) lǎoshī　　　　(4) zhīdào

2 녹음을 듣고 알맞은 성모를 써서 단어를 완성하세요.

　　(1) ___i　　　　　　　　(2) ___e
　　　 四 　　　　　 热

　　(3) ___i___e　　　　　　(4) ___u___i
　　　 汽车 　　　 橘子

발음코너 운모 2

복운모

iao*	iou(iu)**	uai*	üe***	uei(ui)****
yào 药 jiào 叫	yóu 油 liù 六	wài 外 kuài 快	yuè 月 jué 觉	wěi 尾 duì 对

* 운모 iao, uai가 음절의 첫머리에 오면 yao, wai로 표기한다.
** 운모 iou가 음절의 첫머리에 오면 you로 표기하며, 앞에 성모가 오면 iu로 표기한다.
*** 운모 üe가 음절 첫머리에 오면 yue로 표기하며, j, q, x와 결합할 때는 ue로 표기한다.
**** 운모 uei가 음절의 첫머리에 오면 wei로 표기하며, 앞에 성모가 오면 ui로 표기한다.

 확인학습

1 다음 한어병음을 읽으세요.

　(1) jiào　　(2) guǎi　　(3) lüè　　(4) jiǔ

2 녹음을 듣고 알맞은 운모를 써서 단어를 완성하세요.

　(1) j＿＿sh＿＿　　　　　(2) x＿＿x＿＿
　　　教室 　　　　　学校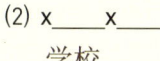

　(3) ＿＿sh＿＿　　　　　(4) ＿＿t＿＿
　　　钥匙 　　　　　油条

발음코너 성조 변화 2

'一', '不'의 변화

- '一'는 원래 1성이지만 1성, 2성, 3성 앞에서는 4성으로 발음하고, 4성 앞에서는 2성으로 발음한다. 단, 숫자와 날짜를 읽을 경우에는 1성을 유지한다.

  一 yī + 1, 2, 3성 ➡ 一 yì + 1, 2, 3성 | 一 yī + 4성 ➡ 一 yí + 4성

  예 yìdiǎnr 一点儿, yíhuìr 一会儿

- '不'는 원래 4성이지만, 4성 앞에서 2성으로 발음한다.

  不 bù + 4성 ➡ 不 bú + 4성

  예 bùxíng 不行, búyòng 不用

  Tip '一', '不'의 성조는 한어병음에서 바뀐 성조로 표기한다.
  예 yì tiān 一天, yíxià 一下, bù zhīdào 不知道, búcuò 不错

확인학습

1. 녹음을 듣고 한어병음에 성조를 표시하세요.

    (1) yiban 一般   (2) yiyang 一样   (3) yizhi 一直   (4) yiqi 一起

2. 녹음을 듣고 한어병음에 성조를 표시하세요.

    (1) bu hao 不好   (2) bu shi 不是

    (3) bu keqi 不客气   (4) bu chi 不吃

발음코너 성모와 운모의 결합 2

성모와 i-, ü- 운모의 결합 — 아래 빨간색으로 표시한 모음은 주요모음을 뜻합니다.

	ia	ie	iao	iou (iu)	ian	in	iang	ing	iong	üe	üan	ün
b		bie	biao		bian	bin		bing				
p		pie	piao		pian	pin		ping				
m		mie	miao	miu	mian	min		ming				
f												
d		die	diao	diu	dian			ding				
t		tie	tiao		tian			ting				
n		nie	niao	niu	nian	nin	niang	ning		nüe		
l	lia	lie	liao	liu	lian	lin	liang	ling		lüe		
g												
k												
h												
j	jia	jie	jiao	jiu	jian	jin	jiang	jing	jiong	jue	juan	jun
q	qia	qie	qiao	qiu	qian	qin	qiang	qing	qiong	que	quan	qun
x	xia	xie	xiao	xiu	xian	xin	xiang	xing	xiong	xue	xuan	xun
z												
c												
s												
zh												
ch												
sh												
r												
성모가 없을 때	ya	ye	yao	you	yan	yin	yang	ying	yong	yue	yuan	yun

단어 미리 보기

1 회화

- 忙 máng — 형 바쁘다
- 吗 ma — 조 문장 끝에 쓰이는 의문 어기조사
- 我 wǒ — 대 나, 저(1인칭)
- 很 hěn — 부 매우, 아주
- 呢 ne — 조 문장 끝에 쓰이는 의문 어기조사
- 也 yě — 부 ~도, 또한

2 회화

- 去 qù — 동 가다
- 哪儿 nǎr — 대 어디
- 咖啡馆 kāfēiguǎn — 명 커피숍
- 不 bù — 부 아니다

발음 연습

1 녹음을 듣고 한어병음에 성조를 표시하세요.

2 녹음을 듣고 한어병음을 쓰세요.

A _____ qù nǎr?

B Wǒ qù _____ . Nǐ qù _____ ?

A Wǒ _____ qù.

문장 미리 듣기

 다음 녹음을 듣고 따라 읽으세요.

1 我 不 忙。

忙。	Máng.
很忙。	Hěn máng.
我很忙。	Wǒ hěn máng.
我不忙。	Wǒ bù máng.

2 我 不去 咖啡馆。

去咖啡馆。	Qù kāfēiguǎn.
我去咖啡馆。	Wǒ qù kāfēiguǎn.
我不去咖啡馆。	Wǒ bú qù kāfēiguǎn.

회화 1

秀妍　**你忙吗？**
　　　Nǐ máng ma?

李阳　**我很忙。你呢？**
　　　Wǒ hěn máng. Nǐ ne?

秀妍　**我也很忙。**
　　　Wǒ yě hěn máng.

본문의 대화내용을 참조하여 빈칸을 채우세요.

李阳很忙，秀妍_____。

회화 2

在民　**Nǐ qù nǎr?**
　　　你去哪儿?

佳佳　**Wǒ qù kāfēiguǎn. Nǐ qù ma?**
　　　我去咖啡馆。你去吗?

在民　**Wǒ bú qù.**
　　　我不去。

확인학습

본문의 대화내용을 참조하여 빈칸을 채우세요.

佳佳去咖啡馆，在民＿＿＿＿＿＿＿。

교체연습

MP3 1-26

회화1

A: 你忙吗?

B: 我很忙。

교체단어
(1) 饿 è   (2) 累 lèi
(3) 困 kùn

보충단어
饿 è 형 배고프다
累 lèi 형 피곤하다
困 kùn 형 졸리다

회화2

A: 你去哪儿?

B: 我去咖啡馆。

교체단어
(1) 学校 xuéxiào   (2) 食堂 shítáng
(3) 图书馆 túshūguǎn

보충단어
学校 xuéxiào 명 학교
食堂 shítáng 명 식당
图书馆 túshūguǎn 명 도서관

02 你忙吗? 바쁘세요?

문법 알아보기

1 我很忙。

형용사 술어는 일반적으로 '주어 + 很 + 형용사' 형식으로 쓰이며, 부정은 '주어 + 不 + 형용사' 형식이다.

긍정문	부정문
주어 + 很 + 형용사	주어 + 不 + 형용사
我很忙。	我不忙。

예) 他很累。 Tā hěn lèi. → 他不累。 Tā bú lèi.
　　她很饿。 Tā hěn è. → 她不饿。 Tā bú è.

확인학습

1 다음 질문에 답하세요.

(1) 你累吗?　➡ _____ (긍정문으로)

(2) 你渴吗?　➡ _____ (부정문으로)

보충단어

渴 kě [형] 목마르다

2 我去咖啡馆。

동사 술어는 '주어 + 동사 + 목적어'의 형식으로 쓰이며, 부정은 '주어 + 不 + 동사 + 목적어' 형식이다.

긍정문	부정문
주어 + 동사 + 목적어	주어 + 不 + 동사 + 목적어
我去咖啡馆。	我不去咖啡馆。

문법 알아보기

예) 我去图书馆。 Wǒ qù túshūguǎn. → 我不去图书馆。 Wǒ bú qù túshūguǎn.
他去银行。 Tā qù yínháng. → 他不去银行。 Tā bú qù yínháng.

확인학습

2 다음 단어를 알맞은 순서로 배열하세요.

(1) 去 / 食堂 / 她 ➡ _____
(2) 不 / 学校 / 去 / 他 ➡ _____

보충단어
银行 yínháng 명 은행

3 你忙吗?

서술문 끝에 의문조사 '吗'를 붙여 '~합니까?'라는 뜻의 의문문을 만들 수 있다.

예) 他忙吗? Tā máng ma?
你饿吗? Nǐ è ma?
你去咖啡馆吗? Nǐ qù kāfēiguǎn ma?
她去食堂吗? Tā qù shítáng ma?

확인학습

3 의문조사 吗를 사용하여 다음 대화를 완성하세요.

(1) A: _____ B: 他很忙。
(2) A: _____ B: 我不去学校。

→ 문법 알아보기

4 你去哪儿?

의문대사 '哪儿'은 장소를 묻는 의문문을 만들며, 이 때 '吗'는 사용하지 않는다.

예 A: 你上哪儿? Nǐ shàng nǎr?
　　B: 我上洗手间。 Wǒ shàng xǐshǒujiān.

　　A: 她去哪儿? Tā qù nǎr?
　　B: 她去图书馆。 Tā qù túshūguǎn.

 확인학습

4 의문대사 哪儿을 사용하여 다음 대화를 완성하세요.

(1) A: _____　　B: 他上洗手间。
(2) A: _____　　B: 我去食堂。

보충단어

上 shàng 동 가다 ｜ 洗手间 xǐshǒujiān 명 화장실

확인문제

1 녹음을 듣고 일치하는 발음에 ✓를 표시하세요.

성모

(1) A. jì   ( )   B. qì   ( )   (2) A. shū   ( )   B. xū   ( )
(3) A. jiá   ( )   B. zá   ( )   (4) A. cā   ( )   B. chā   ( )
(5) A. sāi   ( )   B. shāi ( )   (6) A. luò   ( )   B. ruò   ( )

운모

(1) A. māo   ( )   B. miāo ( )   (2) A. guǎi ( )   B. guǐ   ( )
(3) A. liè   ( )   B. lüè ( )   (4) A. xiū   ( )   B. xiāo ( )
(5) A. qiáo ( )   B. qiú ( )   (6) A. yā   ( )   B. yāo   ( )

2 녹음을 듣고 한어병음에 성조를 표시하세요.

(1) d i   y i   (2) y i   l i a n
(3) y i   b a n   (4) y i   q i
(5) y i   q i e   (6) b u' l a n
(7) b u   r u   (8) b u   h a o
(9) b u   y a o   (10) b u   l a i

확인문제

3 녹음을 듣고 대화와 일치하는 그림을 고르세요.

(1) _____   (2) _____   (3) _____

A.    B.    C.

 보충단어

사진을 보고 단어의 뜻을 유추하세요.

邮局 yóujú

公园 gōngyuán

商店 shāngdiàn

书店 shūdiàn

电影院 diànyǐngyuàn

餐厅 cāntīng

 사진 속의 한자를 보고 무슨 뜻인지 유추하세요.

外卖 wàimài

促销 cùxiāo

登机口 dēngjīkǒu

중국인의 인사 습관(2)

你上哪儿? Nǐ shàng nǎr?
(어디 가세요?)

吃饭了吗? Chī fàn le ma?
(식사하셨어요?)

先生, 您好! Xiānsheng, nín hǎo!
(아저씨, 안녕하세요!)

阿姨, 上班去? Āyí, shàng bān qù?
(아주머니, 출근하세요?)

중국인들은 길에서 만난 가까운 이웃이나 친구에게 흔히 你去哪儿? Nǐ qù nǎr?(어디 가세요?)이나 你上哪儿? Nǐ shàng nǎr?이라고 물으며 인사를 나눈다. 이 인사는 실제로 행선지를 묻는 것이 아니라 상대에 대해 관심과 호의를 표시하는 안부표현이므로, 듣는 사람도 행선지를 밝혀 대답할 필요는 없다. 이러한 간단한 인사표현으로는 吃饭了吗? Chī fàn le ma?, 上课去? Shàng kè qù?(수업하러 가요?), 上班去? Shàng bān qù? 등이 있다.

03 你叫什么名字?

이름이 뭐예요?

학습목표
1. 발음 – 운모 3, 운모 4, 성모와 운모의 결합 3
2. 자기소개하기

기본표현
1. 你叫什么名字?
2. 我是韩国人。
3. 我家在新村。
4. 你的手机号码是多少?

발음코너 운모 3

MP3 1-29

복운모

an	en	ang	eng	ong	er
ān 安 bàn 半	ēn 恩 zhēn 真	áng 昂 bāng 帮	ēng 鞥 zhèng 正	zhōng 中	èr 二

확인학습

1 다음 단어를 읽으세요.

(1) bàngqiú　　(2) yóu yǒng　　(3) pá shān　　(4) dōngxi

2 녹음을 듣고 알맞은 운모를 써서 단어를 완성하세요.

(1) sh___ k___　　
上课

(2) ___z___　　
儿子

(3) f___b___m___　　
方便面

(4) w___sh___j___　　
卫生间

발음코너 운모 4

복운모

ian*	in*	iang*	ing*	iong*
yǎn 眼 niàn 念	yīn 音 jìn 近	yáng 羊 liǎng 两	yǐng 影 píng 平	yòng 用 jiǒng 炯

uan**	uen(un)***	uang**	ueng**
wǎn 晚 nuǎn 暖	wèn 问 dùn 顿	wáng 王 zhuàng 壮	wēng 翁

yuan	yun
yuǎn 远 xuǎn 选	yún 云 qún 群

* 운모 ian, in, iang, ing, iong이 음절의 첫머리에 오면 i를 y로 표기한다.
** 운모 uan, uang, ueng이 음절의 첫머리에 오면 u를 w로 표기한다.
*** 운모 uen이 음절 첫머리에 오면 wen으로 표기하며, 앞에 성모가 오면 un으로 표기한다.

확인학습

1 다음 단어를 읽으세요.

(1) xiān   (2) wèn   (3) qiáng   (4) wǎn

2 녹음을 듣고 알맞은 운모를 써서 단어를 완성하세요.

(1) z___ x___ ch___
自行车

(2) ___d____
运动

(3) ____ ____
医院

(4) x____ d____
兄弟

(5) ____ j____
眼睛

(6) ____ ____
音乐

발음코너 발음 종합연습

1 녹음 내용과 일치하는 것에 ✓를 표시하세요.

(1) A. guā ( )   B. kuā ( )   (2) A. shàng ( )   B. sàn ( )

(3) A. jiǎo ( )   B. zhǎo ( )   (4) A. luàn ( )   B. nuǎn ( )

2 녹음을 듣고 한어병음에 성조를 표시하세요.

(1) m a o   (2) w a n

(3) k a n   (4) z u o

(5) l a o   s h i   (6) l a o   h u

(7) n a i   n a i   (8) M e i   g u o

3 녹음을 듣고 한어병음을 표기하세요.

(1) (　　　)   (2) (　　　)   (3) (　　　)   (4) (　　　)

(5) (　　　)   (6) (　　　)   (7) (　　　)   (8) (　　　)

격음부호

- a, o, e로 시작하는 음절이 다른 음절 뒤에 올 때, 음절의 경계를 나타내기 위해서 격음부호 ' ' '를 사용한다.

예) kě'ài 可爱, Tiān'ānmén 天安门, Shǒu'ěr 首尔

확인학습

1 격음부호에 주의하여 다음 단어를 읽으세요.

(1) xiān 先   (2) Xī'ān 西安

발음코너 성모와 운모의 결합 3

성모와 u- 운모의 결합 — 아래 빨간색으로 표시한 모음은 주요모음을 뜻합니다.

	ua	uo	uai	uei (ui)	uan	uen (un)	uang	ueng
b								
p								
m								
f								
d		duo		dui	duan	dun		
t		tuo		tui	tuan	tun		
n		nuo			nuan			
l		luo			luan	lun		
g	gua	guo	guai	gui	guan	gun	guang	
k	kua	kuo	kuai	kui	kuan	kun	kuang	
h	hua	huo	huai	hui	huan	hun	huang	
j								
q								
x								
z		zuo		zui	zuan	zun		
c		cuo		cui	cuan	cun		
s		suo		sui	suan	sun		
zh	zhua	zhuo	zhuai	zhui	zhuan	zhun	zhuang	
ch	chua	chuo	chuai	chui	chuan	chun	chuang	
sh	shua	shuo	shuai	shui	shuan	shun	shuang	
r	rua	ruo		rui	ruan	run		
성모가 없을 때	wa	wo	wai	wei	wan	wen	wang	weng

단어 미리 보기

1 회화

- 叫 jiào — 동 ~라고 부르다
- 什么 shénme — 대 무엇, 무슨
- 名字 míngzi — 명 이름
- 姓 xìng — 동 (성이) ~이다
- 是 shì — 동 ~이다
- 中国人 Zhōngguórén — 명 중국인
- 韩国人 Hánguórén — 명 한국인

2 회화

- 家 jiā — 명 집
- 在 zài — 동 ~에 있다
- 新村 Xīncūn — 명 (지명) 신촌
- 的 de — 조 ~의, ~한
- 手机 shǒujī — 명 휴대전화
- 号码 hàomǎ — 명 번호
- 多少 duōshao — 대 얼마

숫자

零	líng	0	六	liù	6
一	yī, yāo	1	七	qī	7
二	èr	2	八	bā	8
三	sān	3	九	jiǔ	9
四	sì	4	十	shí	10
五	wǔ	5			

발음 연습

1 녹음을 듣고 한어병음에 성조를 표시하세요.

2 녹음을 듣고 한어병음을 쓰세요.

A   Nǐ _____ shénme míngzi?

B   Wǒ _____ Zhāng, jiào Xiùyán.

A   Nǐ de shǒujī hàomǎ shì _____?

B   Líng _____ líng - sān _____ qī bā - liù jiǔ _____ sì.

➡ 문장 미리 듣기

 다음 녹음을 듣고 따라 읽으세요.

1 我 叫 张秀妍。

张秀妍。	Zhāng Xiùyán.
叫张秀妍。	Jiào Zhāng Xiùyán.
我叫张秀妍。	Wǒ jiào Zhāng Xiùyán.

2 我 不是 韩国人。

韩国人。	Hánguórén.
是韩国人。	Shì Hánguórén.
我是韩国人。	Wǒ shì Hánguórén.
我不是韩国人。	Wǒ bú shì Hánguórén.

3 我家 在 新村。

新村。	Xīncūn.
在新村。	Zài Xīncūn.
我家在新村。	Wǒ jiā zài Xīncūn.

회화 1

佳佳: Nǐ jiào shénme míngzi?
你叫什么名字?

秀妍: Wǒ xìng Zhāng, jiào Xiùyán.
我姓张，叫秀妍。

어른에게는 "您贵姓? Nín guì xìng?"을, 비슷한 또래에게는 "你姓什么? Nǐ xìng shénme?"를 사용할 수 있다.

佳佳: Nǐ shì Zhōngguórén ma?
你是中国人吗?

秀妍: Bú shì, wǒ shì Hánguórén.
不是，我是韩国人。

본문의 대화내용을 참조하여 빈칸을 채우세요.

秀妍＿＿＿＿＿＿中国人，＿＿＿＿＿＿韩国人。

회화 2

秀妍: Nǐ jiā zài nǎr?
你家在哪儿?

佳佳: Wǒ jiā zài Xīncūn.
我家在新村。

秀妍: Nǐ de shǒujī hàomǎ shì duōshao?
你的手机号码是多少?

佳佳: Líng yāo líng - sān èr qī bā - liù jiǔ wǔ sì.
010-3278-6954。

Tip 전화번호나 방 번호 등과 같이 숫자를 하나하나씩 읽을 때 '一'는 'yāo'로 읽는다.

 확인학습

본문의 대화내용을 참조하여 빈칸을 채우세요.

佳佳的家_____。

교체연습

MP3 1-37

회화1 1
A: 你叫什么名字?
B: 我姓张，叫秀妍。

교체단어
(1) 张 Zhāng / 美兰 Měilán (2) 李 Lǐ / 小龙 Xiǎolóng
(3) 王 Wáng / 文 Wén

회화1 2
A: 你是中国人吗?
B: 不是，我是韩国人。

교체단어
(1) 中国人 Zhōngguórén / 日本人 Rìběnrén
(2) 英国人 Yīngguórén / 美国人 Měiguórén
(3) 德国人 Déguórén / 法国人 Fǎguórén

보충단어
日本 Rìběn 몡 일본
英国 Yīngguó 몡 영국
美国 Měiguó 몡 미국
德国 Déguó 몡 독일
法国 Fǎguó 몡 프랑스

회화2 3
A: 你家在哪儿?
B: 我家在新村。

교체단어
(1) 首尔 Shǒu'ěr   (2) 北京 Běijīng
(3) 香港 Xiānggǎng

보충단어
首尔 Shǒu'ěr
몡 (지명) 서울
北京 Běijīng
몡 (지명) 북경
香港 Xiānggǎng
몡 (지명) 홍콩

회화2 4
A: 你的手机号码是多少?
B: 我的手机号码是010-3278-6954。

교체단어
(1) 你(我)家的电话 nǐ(wǒ) jiā de diànhuà / 8430-1975
(2) 学校的电话 xuéxiào de diànhuà / 5143-7296
(3) 办公室的电话 bàngōngshì de diànhuà / 7359-8102

보충단어
电话 diànhuà 몡 전화
办公室 bàngōngshì
몡 사무실

03 你叫什么名字? 이름이 뭐예요? **65**

문법 알아보기

1 你叫**什么**名字?

'무슨, 어떤'을 물을 경우에는 '什么 + 명사' 형식을 사용하며, '什么'가 의문대사이므로 '吗'는 사용하지 않는다.

예 你叫**什么**名字? Nǐ jiào shénme míngzi?
　 你看**什么**电影? Nǐ kàn shénme diànyǐng?

확인학습

1 什么를 사용하여 다음 대화를 완성하세요.

(1) A: _____　　B: 我叫李小龙。
(2) A: _____　　B: 我看韩国电影。

보충단어

看 kàn 동 보다 ｜ 电影 diànyǐng 명 영화

2 我**是**韩国人。

동사 '是'는 'A是B'의 형식으로 쓰여 'A는 B이다'라는 의미를 나타내며, 부정은 'A不是 B'의 형식이다. 의문문은 '吗'를 사용하거나, '是不是' 형식의 정반의문문으로 나타낸다.

긍정문	부정문
주어 + 是 + 목적어	주어 + 不是 + 목적어
我是韩国人。	我不是韩国人。

예 我**是**大学生。Wǒ shì dàxuéshēng.　→　我**不**是大学生。Wǒ bú shì dàxuéshēng.

술어를 '긍정 + 부정' 형식으로 병렬시켜 만든 의문문이다.

문법 알아보기

是 의문문	
주어 + 是 + 목적어 + 吗	주어 + 是不是 + 목적어
你是韩国人吗?	你是不是韩国人?

예) 他是日本人吗? Tā shì Rìběnrén ma?
他是不是日本人? Tā shì bu shì Rìběnrén?

확인학습

2 다음 물음에 부정문으로 답하세요.

(1) 她是老师吗? ➡ _____

(2) 他是不是大学生? ➡ _____

보충단어

大学生 dàxuéshēng 명 대학생

3 我家在新村。

동사 '在'는 '在 + 장소'의 형식으로 사람이나 사물이 있는 곳을 나타내며, 부정은 '不'를 사용한다.

예) 我家在新村。 Wǒ jiā zài Xīncūn.
他不在学校。 Tā bú zài xuéxiào.

확인학습

3 在를 사용하여 다음 대화를 완성하세요.

(1) A: _____ B: 她在图书馆。
(2) A: _____ B: 他家在香港。

문법 알아보기

4 你的手机号码是<mark>多少</mark>?

의문대사 '多少'는 '얼마, 몇'이라는 뜻으로 구체적인 수나 양을 물어 볼 때 사용하며, 문장 끝에 '吗'는 사용하지 않는다.

예 A: 你的电话号码是<mark>多少</mark>? Nǐ de diànhuà hàomǎ shì duōshao?
B: 我的电话号码是3278-6954。 Wǒ de diànhuà hàomǎ shì sān èr qī bā - liù jiǔ wǔ sì.

A: 你的学号是<mark>多少</mark>? Nǐ de xuéhào shì duōshao?
B: 我的学号是130209。 Wǒ de xuéhào shì yāo sān líng èr líng jiǔ.

확인학습

4 多少를 사용하여 다음 대화를 완성하세요.

(1) A: _____   B: 她的手机号码是010-3258-6479。
(2) A: _____   B: 我的学号是138507。

보충단어

学号 xuéhào 명 학번

확인문제

1 녹음을 듣고 일치하는 발음에 ✓를 표시하세요.

(1) A. shǎn ( )　B. shǎng ( )　(2) A. sēn ( )　B. sēng ( )
(3) A. réng ( )　B. róng ( )　(4) A. è ( )　B. èr ( )
(5) A. zhèng ( )　B. zhèn ( )　(6) A. chén ( )　B. chán ( )
(7) A. jiàn ( )　B. juàn ( )　(8) A. mín ( )　B. míng ( )
(9) A. qiáng ( )　B. qióng ( )　(10) A. chuān ( )　B. chuāng ( )
(11) A. wēn ( )　B. wèng ( )　(12) A. xùn ( )　B. xìn ( )

2 녹음을 듣고 한어병음에 성조를 표시하세요.

(1) mian bao　　　　(2) dian ying
(3) chuang hu　　　　(4) bi ji ben
(5) ban gong shi　　　(6) xin yong ka
(7) gui　　　　　　　(8) xue hao
(9) Ying guo　　　　(10) Bei jing

확인문제

3 녹음을 듣고 대화와 일치하는 그림을 고르세요.

(1) _____ (2) _____ (3) _____

A.  B.  C.

→ 보충단어

사진을 보고 단어의 뜻을 유추하세요.

1

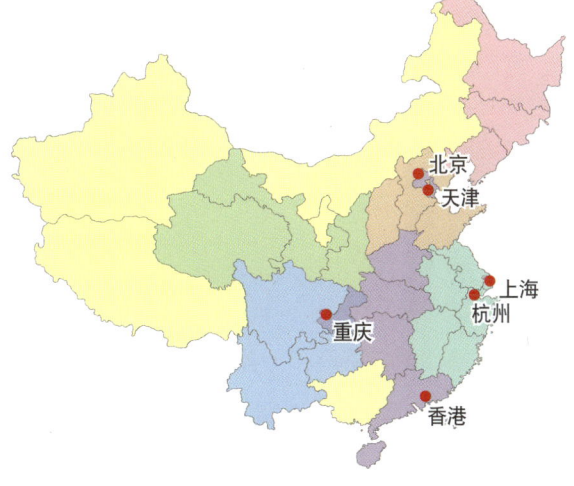

| 北京 Běijīng | 天津 Tiānjīn | 上海 Shànghǎi |
| 重庆 Chóngqìng | 杭州 Hángzhōu | 香港 Xiānggǎng |

2

首尔 Shǒu'ěr
釜山 Fǔshān
大田 Dàtián
仁川 Rénchuān
光州 Guāngzhōu
蔚山 Wèishān
大邱 Dàqiū
济州岛 Jìzhōudǎo

중국인이 좋아하는 숫자

2008년 8월 8일 8시 8분에 시작한 북경 올림픽

8이 많이 들어간 가격표

6이 많이 들어간 차량 번호판

9가 많이 들어간 결혼식 차량 번호판

　중국인들이 좋아하는 숫자는 그 숫자와 발음이 비슷한 단어와 관련이 있다. 八 bā는 '돈을 벌다'를 의미하는 发财 fā cái의 发 fā와 발음이 비슷하여 중국인들이 가장 선호하는 숫자이다. 六 liù는 '순조롭다'는 뜻의 流 liú와 발음이 유사하기 때문에 좋은 숫자로 인식되며, 九 jiǔ는 '영원하다'를 의미하는 永久 yǒngjiǔ의 久 jiǔ와 발음이 같기 때문에 영원히 살기를 바라는 뜻에서 九가 들어가는 날짜를 결혼 날짜로 많이 선택한다.

04 你学什么?
당신은 무엇을 배우세요?

학습목표
1. 추측 표현하기
2. 학습에 대해 묻고 답하기

기본표현
1. 你是大学生吧?
2. 你上几年级?
3. 你学什么?
4. 汉语难不难?

사진출처_Jack

단어 미리 보기

1 회화

- 大学生 dàxuéshēng — 명 대학생
- 吧 ba — 조 문장 끝에 쓰여 추측을 나타내는 어기조사
- 上 shàng — 동 (~학년에) 다니다
- 几 jǐ — 수 몇
- 年级 niánjí — 명 학년

2 회화

- 学 xué — 동 배우다
- 汉语 Hànyǔ — 명 중국어
- 难 nán — 형 어렵다
- 很 hěn — 부 매우
- 有意思 yǒuyìsi — 형 재미있다

발음 연습

1 녹음을 듣고 한어병음에 성조를 표시하세요.

大学生	da	xue	sheng		几	ji
年级	nian	ji		汉语	Han	yu
很	hen			难	nan

2 녹음을 듣고 한어병음을 쓰세요.

A　Nǐ shì dàxuéshēng _____ ?

B　Shì, wǒ _____ Hànyǔ.

A　Hànyǔ nán _____ nán?

B　Bù nán, Hànyǔ hěn _____ yìsi.

문장 미리 듣기

 다음 녹음을 듣고 따라 읽으세요.

1 你 是 大学生 吧?

是大学生。	Shì dàxuéshēng.
是大学生吧?	Shì dàxuéshēng ba?
你是大学生吧?	Nǐ shì dàxuéshēng ba?

2 你 上 几年级?

几年级?	Jǐ niánjí?
上几年级?	Shàng jǐ niánjí?
你上几年级?	Nǐ shàng jǐ niánjí?

3 汉语 难 不难?

难。	Nán.
不难。	Bù nán.
难不难?	Nán bu nán?
汉语难不难?	Hànyǔ nán bu nán?

회화 1

李阳　**Nǐ shì dàxuéshēng ba?**
　　　你是大学生吧?

秀妍　**Shì, wǒ shì dàxuéshēng.**
　　　是，我是大学生。

李阳　**Nǐ shàng jǐ niánjí?**
　　　你上几年级?

秀妍　**Wǒ shàng yī niánjí.**
　　　我上一年级。

 확인학습

본문의 대화내용을 참조하여 빈칸을 채우세요.

秀妍上大学_____。

회화 2

李阳　　Nǐ xué shénme?
　　　　你学什么？

秀妍　　Wǒ xué Hànyǔ.
　　　　我学汉语。

李阳　　Hànyǔ nán bu nán?
　　　　汉语难不难？

秀妍　　Bù nán, Hànyǔ hěn yǒuyìsi.
　　　　不难，汉语很有意思。

 확인학습

본문의 대화내용을 참조하여 빈칸을 채우세요.

秀妍学＿＿＿＿＿＿＿。

교체연습

회화1 **1**
A: 你是大学生吧?
B: 我不是大学生。

교체단어
(1) 老师 lǎoshī
(2) 高中生 gāozhōngshēng
(3) 中国人 Zhōngguórén

보충단어
高中生 gāozhōngshēng
명 고등학생

회화1 **2**
A: 你上几年级?
B: 我上一年级。

교체단어
(1) 二年级 èr niánjí
(2) 三年级 sān niánjí
(3) 四年级 sì niánjí

회화2 **3**
A: 你学什么?
B: 我学汉语。

교체단어
(1) 吃 chī / 汉堡 hànbǎo
(2) 喝 hē / 咖啡 kāfēi
(3) 听 tīng / 音乐 yīnyuè

보충단어
吃 chī 동 먹다
汉堡 hànbǎo 명 햄버거
喝 hē 동 마시다
咖啡 kāfēi 명 커피
音乐 yīnyuè 명 음악

회화2 **4**
A: 汉语难不难?
B: 不难，汉语很有意思。

교체단어
(1) 日语 Rìyǔ
(2) 英语 Yīngyǔ
(3) 韩语 Hányǔ

보충단어
日语 Rìyǔ 명 일어
英语 Yīngyǔ 명 영어
韩语 Hányǔ 명 한국어

04 你学什么? 당신은 무엇을 배우세요?

문법 알아보기

1 你是大学生吧?

어기조사 '吧'는 문장 끝에 쓰여 '~이지요?'라는 추측의 의미를 나타낸다.

예) 你是中国人吧? Nǐ shì Zhōngguórén ba?
  汉语很容易吧? Hànyǔ hěn róngyì ba?

확인학습

1 吧를 사용하여 다음 문장을 중국어로 옮기세요.

(1) 당신은 중국사람이지요? ➡ _____
(2) 당신의 집은 신촌에 있지요? ➡ _____
(3) 당신은 대학 2학년 학생이지요? ➡ _____

보충단어
容易 róngyì 형 쉽다

2 你上几年级?

의문대사 '几'는 '몇'이라는 뜻으로 보통 10 이하의 숫자를 물어볼 때 사용한다.

예) A: 你几岁? Nǐ jǐ suì?
  B: 我六岁。Wǒ liù suì.

  A: 他上高中几年级? Tā shàng gāozhōng jǐ niánjí?
  B: 他上高中二年级。Tā shàng gāozhōng èr niánjí.

Tip 10 이상의 숫자를 물어볼 때는 주로 '多少'를 사용한다.

문법 알아보기

확인학습

2 几를 사용하여 다음 대화를 완성하세요.

(1) A: _____ B: 我孩子四岁。

(2) A: _____ B: 我上大学四年级。

(3) A: _____ B: 他上高中一年级。

보충단어

孩子 háizi 명 어린아이 | 岁 suì 양 ~세, 살

---

3 你学什么?

의문대사 '什么'는 '무엇'이라는 뜻으로, 문장 끝에 '吗'를 쓰지 않는다.

예 A: 你姓什么? Nǐ xìng shénme?
B: 我姓金。Wǒ xìng Jīn.

A: 你吃什么? Nǐ chī shénme?
B: 我吃饺子。Wǒ chī jiǎozi.

A: 这是什么? Zhè shì shénme?
B: 这是中国茶。Zhè shì Zhōngguó chá.

확인학습

3 什么를 사용하여 다음 대화를 완성하세요.

(1) A: _____ B: 我学法律。

(2) A: _____ B: 我喝中国茶。

(3) A: _____ B: 这是钱。

보충단어

饺子 jiǎozi 명 만두 | 这 zhè 대 이, 이것 | 茶 chá 명 차
法律 fǎlǜ 명 법률 | 钱 qián 명 돈

문법 알아보기

4 汉语<mark>难不难</mark>?

동사나 형용사의 긍정형식과 부정형식을 병렬하여 정반의문문을 만들 수 있다.

정반의문문

주어 + 형용사 + 不 + 형용사	주어 + 동사 + 不 + 동사 + 목적어

예 你忙不忙?   예 你喝不喝茶?

예 你饿不饿? Nǐ è bu è?
    他帅不帅? Tā shuài bu shuài?
    你学不学汉语? Nǐ xué bu xué Hànyǔ?
    你去不去食堂? Nǐ qù bu qù shítáng?

확인학습

4 정반의문문을 사용하여 다음 대화를 완성하세요.

(1) A: _____ B: 我喝咖啡。
(2) A: _____ B: 我很累。
(3) A: _____ B: 我是大学生。

보충단어
帅 shuài 형 멋있다

확인문제

1 녹음을 듣고 대화와 일치하는 그림을 고르세요.

(1) _____   (2) _____   (3) _____

A.
B.
C.

2 녹음 내용과 일치하면 ○, 일치하지 않으면 × 표시하세요.

(1) 我上大学二年级。　　　(　　)

(2) 我学英语、汉语。　　　(　　)

(3) 汉语不难，汉语很有意思。(　　)

3 녹음 내용과 일치하는 것에 ✓를 표시하세요.

(1) A. 高中生　　B. 大学生　　C. 老师

(2) A. 二年级　　B. 三年级　　C. 四年级

(3) A. 去咖啡馆　B. 去食堂　　C. 去图书馆

확인문제

4 주어진 단어로 빈칸을 채우세요.

> 学　　去　　是　　有

(1) 我_____大学生。

(2) 她_____英语。

(3) 我们_____食堂。

(4) 汉语很_____意思。

5 주어진 단어를 사용하여 대화를 완성하세요.

| A: 你学什么? | A: _____? |
| B: _____。 | B: 不难，很有意思。 |

(1) 日语　　　　(2) 法律　　　　(3) 韩语

6 보기를 참고하여 친구에 대해 알아보세요.

이름	학년	전공

보기
· 你叫什么名字?
· 你上几年级?
· 你学什么?

보충단어

 사진을 보고 단어의 뜻을 유추하세요.

贵 guì

便宜 piányi

冷 lěng

热 rè

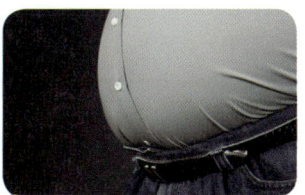
胖 pàng

瘦 shòu

 사진 속의 한자를 보고 무슨 뜻인지 유추하세요.

麦当劳
Màidāngláo

肯德基
Kěndéjī

汉堡王
Hànbǎowáng

중국문화

중국의 학교 교육

학교에서는 대부분 활동성을 살린 체육복을 교복으로 입는다.

중·고등학교에서는 보통 2교시가 끝난 후에 전교생이 운동장에서 체조를 한다.

수험생들은 하루 2과목씩 3일간 대학입학 시험을 치른다.

시험장 밖에서 학부모들이 수험생을 애타게 기다리는 모습.

중국의 학교는 小学 xiǎoxué, 中学 zhōngxué, 大学 dàxué 등으로 분류되며, 새 학기는 9월에 시작된다. 小学는 초등학교에 해당하며 中学는 중학교(初中 chūzhōng)와 고등학교(高中 gāozhōng)를 합쳐서 일컫는 것이다. 대학 진학을 위해서는 한국의 대학수학능력시험과 비슷한 시험인 高考 gāokǎo에 응시해야 한다. 高考는 매년 6월 6일, 7일, 8일 삼일에 걸쳐 실시되는데, 최근에는 해외 유학이나 취직을 이유로 高考에 응시하지 않는 학생의 수가 점차 증가하고 있다. 고등학교를 졸업하고 대학 진학보다는 취업을 희망하는 사람들이 늘어나는 추세는 대학 졸업 후에도 취업이 쉽게 되지 않는 중국 사회의 단면을 보여준다.

05 今天星期几?
오늘은 무슨 요일이에요?

학습목표
1. 날짜, 요일 묻고 답하기
2. 생일 축하 표현하기
3. 계획 묻고 답하기

기본표현
1. 你的生日是几月几号?
2. 今天星期几?
3. 晚上你做什么?
4. 我去新村见朋友。

단어 미리 보기

1 회화

- ☐ 明天 míngtiān — 명 내일
- ☐ 号 hào — 명 일
- ☐ 生日 shēngrì — 명 생일
- ☐ 真的 zhēn de — 정말로, 참으로
- ☐ 祝 zhù — 동 축하하다, ~을 축하하다, 기원하다
- ☐ 快乐 kuàilè — 형 즐겁다
- ☐ 月 yuè — 명 월

2 회화

- ☐ 今天 jīntiān — 명 오늘
- ☐ 星期 xīngqī — 명 요일, 주
- ☐ 星期六 xīngqīliù — 토요일
- ☐ 晚上 wǎnshang — 명 저녁
- ☐ 做 zuò — 동 (~을) 하다

➲ 발음 연습

1 녹음을 듣고 한어병음에 성조를 표시하세요.

明天　ming tian　　真的　zhen de

生日　sheng ri　　快乐　kuai le

星期　xing qi　　晚上　wan shang

2 녹음을 듣고 한어병음을 쓰세요.

A　Míngtiān shí hào, shì _____ shēngrì.

B　_____ nǐ shēngrì kuàilè!

A　Jīntiān _____ ?

B　_____ wǒ qù Xīncūn jiàn _____ .

문장 미리 듣기

 다음 녹음을 듣고 따라 읽으세요.

1 明天 是 我的生日。

我的生日。	Wǒ de shēngrì.
是我的生日。	Shì wǒ de shēngrì.
明天是我的生日。	Míngtiān shì wǒ de shēngrì.

2 晚上 你 做什么?

做什么?	Zuò shénme?
你做什么?	Nǐ zuò shénme?
晚上你做什么?	Wǎnshang nǐ zuò shénme?

3 我 去 新村 见朋友。

见朋友。	Jiàn péngyou.
我见朋友。	Wǒ jiàn péngyou.
我去见朋友。	Wǒ qù jiàn péngyou.
我去新村见朋友。	Wǒ qù Xīncūn jiàn péngyou.

회화 1

秀妍　Míngtiān jǐ hào?
　　　明天几号?

佳佳　Shí hào.　Míngtiān shì wǒ de shēngrì.
　　　十号。明天是我的生日。

秀妍　Zhēn de?　Zhù nǐ shēngrì kuàilè!
　　　真的? 祝你生日快乐!

佳佳　Xièxie!　Nǐ de shēngrì shì jǐ yuè jǐ hào?
　　　谢谢! 你的生日是几月几号?

秀妍　Sān yuè shísì hào.
　　　三月十四号。

 확인학습

본문의 대화내용을 참조하여 빈칸을 채우세요.

秀妍的生日是_____。

회화 2

秀妍: Jīntiān xīngqī jǐ?
今天星期几?

在民: Xīngqīliù.
星期六。

秀妍: Wǎnshang nǐ zuò shénme?
晚上你做什么?

在民: Wǒ qù Xīncūn jiàn péngyou.
我去新村见朋友。

 확인학습

본문의 대화내용을 참조하여 빈칸을 채우세요.

在民今天晚上_____。

교체연습

회화1 1
A: 今天几号?
B: 十号。

교체단어
(1) 昨天 zuótiān / 十四号
(2) 明天 míngtiān / 二十一号
(3) 后天 hòutiān / 三十号

보충단어
昨天 zuótiān 명 어제
后天 hòutiān 명 모레

회화1 2
A: 你的生日是几月几号?
B: 二月十四号。

교체단어
(1) 中秋节 Zhōngqiū Jié / 农历 nónglì 八月十五号
(2) 春节 Chūn Jié / 农历 nónglì 一月一号
(3) 中国国庆节 Zhōngguó Guóqìng Jié / 十月一号

보충단어
中秋节 Zhōngqiū Jié
명 중추절, 추석
农历 nónglì 명 음력
春节 Chūn Jié
명 춘절, 설날
国庆节 Guóqìng Jié
명 국경일

회화2 3
A: 晚上你做什么?
B: 我见朋友。

교체단어
(1) 上午 shàngwǔ / 上课 shàng kè
(2) 星期六 xīngqīliù / 看电视 kàn diànshì
(3) 明天 míngtiān / 打工 dǎ gōng

보충단어
上课 shàng kè
동 수업하다
电视 diànshì 명 텔레비전
打工 dǎ gōng
동 아르바이트 하다

회화2 4
我去新村见朋友。

교체단어
(1) 电影院 diànyǐngyuàn / 看电影 kàn diànyǐng
(2) 商店 shāngdiàn / 买东西 mǎi dōngxi
(3) 咖啡馆 kāfēiguǎn / 喝咖啡 hē kāfēi

보충단어
电影院 diànyǐngyuàn
명 영화관
商店 shāngdiàn 명 상점
买 mǎi 동 사다
东西 dōngxi 명 물건

문법 알아보기

1 我的生日是三月十四号。

년	연도는 숫자를 하나하나 따로 읽고 마지막에 '年'을 붙인다. 예 1995年 → 一九九五年 yī jiǔ jiǔ wǔ nián 　　2014年 → 二零一四年 èr líng yī sì nián
월	월은 '숫자 + 月'로 표현한다. 예 五月 wǔ yuè　　十一月 shíyī yuè
일	날짜는 '숫자 + 日'(문어체) 또는 '숫자 + 号'(구어체)로 표현한다 예 二十四日 èrshísì rì　　十二号 shí'èr hào
요일	요일은 '星期' 뒤에 '一……六'를 붙여 '월~토요일'을 나타내고, 일요일은 '天(tiān)'이나 '日(rì)'를 붙인다. 또한 '星期' 대신 '礼拜(lǐbài)'를 쓰기도 한다. 예 星期一　星期二　星期三　星期四　星期五　星期六　星期天(日)

확인학습

1 다음 날짜를 중국어로 말하세요.

(1) 2016년 8월 23일 금요일　➡ _____

(2) 1993년 1월 11일 목요일　➡ _____

2 다음 문장을 완성하세요.

(1) 今天星期二，明天_____。

(2) 今天是_____, 后天是二十号。

2 明天十号。

시간, 날짜, 요일 등은 '是' 없이 명사구가 술어로 쓰이는 명사술어문으로 표현할 수 있다. 그러나 부정을 나타낼 때에는 반드시 '不是'를 써야 한다.

문법 알아보기

긍정문	부정문
주어 + 명사 술어	주어 + 不是 + 명사
明天五月三号。	明天不是五月三号。

예) 今天星期五。 Jīntiān xīngqīwǔ. → 今天不是星期五。 Jīntiān bú shì xīngqīwǔ.
后天三月一号。 Hòutiān sān yuè yī hào.
→ 后天不是三月一号。 Hòutiān bú shì sān yuè yī hào.

확인학습

3 달력을 보고 질문에 답하세요.

(1) 明天几月几号? _____
(2) 后天星期几? _____
(3) 这个星期六是几号? _____
(4) 今天是星期四吗? _____

보충단어
个 ge 양 개

---

3 <u>晚上</u>我见朋友。

시간을 나타내는 표현은 문장의 처음이나 주어 뒤에 모두 쓰인다.

예) 星期六晚上我有约会。 Xīngqīliù wǎnshang wǒ yǒu yuēhuì.
我周末去旅行。 Wǒ zhōumò qù lǚxíng.

시간을 나타내는 표현

년	去年 qùnián / 今年 jīnnián / 明年 míngnián
월	上 shàng(个)月 / 这 zhè(个)月 / 下 xià(个)月
주, 요일	上(个)星期 / 这(个)星期 / 下(个)星期
일	昨天 / 今天 / 明天 / 后天
시간	早上 / 上午 / 中午 zhōngwǔ / 下午 xiàwǔ / 晚上

문법 알아보기

확인학습

4 다음 단어를 알맞은 순서로 배열하세요.

(1) 什么 / 明天 / 你 / 晚上 / 做 ➡ _____
(2) 下午 / 去看 / 电影 / 星期天 / 我 ➡ _____
(3) 考试 / 我们 / 星期五 / 下午 ➡ _____

보충단어

约会 yuēhuì 명통 약속(하다) | 周末 zhōumò 명 주말 | 旅行 lǚxíng 명통 여행(하다) | 去年 qùnián 명 작년 |
今年 jīnnián 명 올해 | 明年 míngnián 명 내년 | 上 shàng 형 지난 | 下 xià 명 나중, 다음 |
中午 zhōngwǔ 명 정오 | 下午 xiàwǔ 명 오후 | 考试 kǎoshì 명통 시험(보다)

4 我去新村见朋友。

하나의 주어에 두 개 이상의 동사(구)가 연이어 배열된 문장을 '연동문'이라고 한다.
'去 + 장소 + 동사구'는 '~하러 ~에 가다'의 의미이다.

去 + 장소 + 동사구

예) 我去食堂。+ 我吃饭。→ 我去食堂吃饭。 Wǒ qù shítáng chī fàn.
　　我去学校。+ 我上课。→ 我去学校上课。 Wǒ qù xuéxiào shàng kè.

확인학습

5 다음 한국어를 중국어로 옮기세요.

(1) 나는 영화를 보러 신촌에 간다. ➡ _____
(2) 나는 친구를 만나러 커피숍에 간다. ➡ _____
(3) 그는 물건을 사러 상점에 간다. ➡ _____

확인문제

1 녹음을 듣고 대화와 일치하는 그림을 고르세요.

(1) _____   (2) _____   (3) _____

A.    B.    C.

2 녹음 내용과 일치하면 ○, 일치하지 않으면 × 표시하세요.

(1) 后天十九号。　　　　　　　(　　)

(2) 我的生日是四月四号。　　　(　　)

(3) 星期六我去咖啡馆见朋友。　(　　)

3 녹음 내용과 일치하는 것에 ✓를 표시하세요.

(1) A. 去看电影　　B. 去见朋友　　C. 去买东西

(2) A. 星期二　　　B. 星期三　　　C. 星期一

(3) A. 见朋友　　　B. 看电视　　　C. 打工

확인문제

4 주어진 단어로 빈칸을 채우세요.

> 去   快乐   什么   几

(1) A: 你的生日是_____月_____号?
B: 我的生日是三月八号。

(2) A: 祝你生日_____!   B: 谢谢!

(3) A: 今天你做_____?   B: 我_____学校见老师。

5 이번 주의 계획에 대해 묻고 답하세요.

A: 星期一你做什么?
B: 我上课。

星期一	星期二	星期三	星期四	星期五	星期六	星期天
계획	계획	계획	계획	계획	계획	계획
上课	去咖啡馆	见朋友				

6 우리나라의 기념일과 중국의 기념일을 조사하여 말하세요.

기념일	한국	중국
근로자의 날(劳动节 Láodòng Jié)	5月 1日	
어린이 날(儿童节 Értóng Jié)		
스승의 날(教师节 Jiàoshī Jié)		

보기
韩国的劳动节是五月一号, 中国的……

 보충단어

사진을 보고 단어의 뜻을 유추하세요.

聊天儿 liáo tiānr

运动 yùndòng

爬山 pá shān

喝茶 hē chá

旅行 lǚxíng

睡觉 shuì jiào

 사진 속의 한자를 보고 무슨 뜻인지 유추하세요.

特价 tèjià

热卖 rèmài

중국문화

중국의 명절

春节 Chūn Jié (춘절: 음력 1월 1일)

액운을 쫓는 의미로 여기저기서 폭죽을 터뜨리며, 집에 덕담을 적은 春联(chūnlián)을 붙이고 饺子(jiǎozi)를 먹는다.

元宵节 Yuánxiāo Jié (원소절: 음력 1월 15일)

각종 소가 들어간 元宵(yuánxiāo)를 먹고 등 축제를 한다.

端午节 Duānwǔ Jié (단오절: 음력 5월 5일)

용선 경기를 하고 대나무 잎으로 싼 찰밥 粽子(zòngzi)를 먹는다.

中秋节 Zhōngqiū Jié (중추절: 음력 8월 15일)

가족끼리 모여 보름달을 감상하며 달처럼 동그랗게 만든 月饼(yuèbing)을 먹는다.

춘절은 중국의 가장 큰 전통 명절이다. 춘절 전날 저녁은 해가 바뀌는 저녁이라는 의미에서 除夕 chúxī라고 하며 온 가족이 모여서 年夜饭 niányèfàn을 먹는다. 이 때 식탁에는 풍요(年年有余 niánnián yǒuyú)를 상징하는 생선요리(鱼 yú)가 빠지지 않으며, 한 해가 지고 새 해로 바뀐다(交 jiāo)는 의미에서 만두(饺子 jiǎozi)를 먹는다. 중국인들은 일주일 정도의 휴일 동안 고향으로 돌아가는 민족의 대이동을 하는데, 온 가족이 모이면 붉은 색 봉투(红包 hóngbāo)에 세뱃돈을 담아 아이들에게 나누어주며 덕담을 나눈다.

06 复习

01～05课
복습 01～05과

사진출처_walkdragon

➲ 발음

1 성조 표기 규칙

- 성조는 모음 위에 표기하고, 모음이 두 개 이상일 때는 입이 더 크게 벌어지는 모음 위에 표시한다. 예 走 zǒu / 叫 jiào

$$a \quad > \quad o, e \quad > \quad i, u, ü$$

- i 위에 표기할 때는 점을 생략한다. 예 请 qǐng / 四 sì
- 모음 i, u가 함께 있으면 두 번째 모음에 표기한다. 예 就 jiù / 嘴 zuǐ

2 운모 표기 규칙

- i, u, ü가 단독으로 쓰이면 yi, wu, yu로 표기한다.

  예 一 i → yī / 五 u → wǔ / 雨 ü → yǔ

- i-, u-, ü-로 시작하는 운모가 음절의 첫머리에 오면 y, w, yu로 표기한다.

  예 也 ie → yě / 晚 uan → wǎn / 月 üe → yuè

- ü 앞에 성모 j, q, x가 오면 u로 표기한다.

  예 句 jü → jù / 觉 jüe → jué / 学 xüe → xué

- 운모 iou, uei, uen 앞에 성모가 오면 iu, ui, un으로 표기한다.

  예 九 jiou → jiǔ / 会 huei → huì / 春 chuen → chūn

3 격음 부호 규칙

- a, o, e로 시작하는 음절이 다른 음절 뒤에 오면 격음부호로 음절에 경계를 표시한다.

  예 西安 Xī'ān / 可爱 kě'ài

명사 인칭대사

인칭	단수	복수(단수 + 们 men)
1인칭	我 wǒ	我们 wǒmen
2인칭	你 nǐ 您 nín	你们 nǐmen
3인칭	他 tā 她 tā 它 tā	他们 tāmen 她们 tāmen 它们 tāmen

명사 장소 1

- ☐ 韩国 Hánguó 한국
- ☐ 中国 Zhōngguó 중국
- ☐ 日本 Rìběn 일본
- ☐ 美国 Měiguó 미국
- ☐ 法国 Fǎguó 프랑스
- ☐ 英国 Yīngguó 영국
- ☐ 德国 Déguó 독일

- ☐ 首尔 Shǒu'ěr 서울
- ☐ 北京 Běijīng 북경
- ☐ 香港 Xiānggǎng 홍콩
- ☐ 新村 Xīncūn 신촌

단어

명사 장소 2

- ☐ 咖啡馆 kāfēiguǎn 커피숍
- ☐ 食堂 shítáng 식당
- ☐ 银行 yínháng 은행
- ☐ 家 jiā 집
- ☐ 电影院 diànyǐngyuàn 극장
- ☐ 学校 xuéxiào 학교
- ☐ 图书馆 túshūguǎn 도서관
- ☐ 洗手间 xǐshǒujiān 화장실
- ☐ 办公室 bàngōngshì 사무실
- ☐ 商店 shāngdiàn 상점

명사 언어

- ☐ 汉语 Hànyǔ 중국어
- ☐ 英语 Yīngyǔ 영어
- ☐ 日语 Rìyǔ 일어

명사 시간

- ☐ 早上 zǎoshang 아침
- ☐ 上午 shàngwǔ 오전
- ☐ 晚上 wǎnshang 저녁
- ☐ 下午 xiàwǔ 오후
- ☐ 今天 jīntiān 오늘
- ☐ 昨天 zuótiān 어제
- ☐ 明天 míngtiān 내일
- ☐ 后天 hòutiān 모레
- ☐ 周末 zhōumò 주말
- ☐ 星期六 xīngqīliù 토요일
- ☐ 今年 jīnnián 올해
- ☐ 月 yuè 월
- ☐ 号 hào 일
- ☐ 星期 xīngqī 요일, 주

단어

동사

- 去 qù 가다
- 姓 xìng (성이) ~이다
- 在 zài ~에 있다
- 学 xué 배우다
- 做 zuò (~을) 하다
- 祝 zhù 축하하다
- 叫 jiào ~라고 부르다
- 是 shì ~이다
- 上 shàng (~학년에) 다니다, 가다
- 看 kàn 보다
- 喝 hē 마시다
- 买 mǎi 사다
- 约会 yuēhuì 약속하다, 데이트하다
- 上课 shàng kè 수업하다
- 打工 dǎ gōng 아르바이트 하다
- 睡觉 shuì jiào 잠을 자다
- 考试 kǎoshì 시험을 보다

형용사

- 好 hǎo 좋다
- 有意思 yǒuyìsi 재미있다
- 难 nán 어렵다
- 容易 róngyì 쉽다
- 饿 è 배고프다
- 困 kùn 졸리다
- 快乐 kuàilè 즐겁다
- 累 lèi 피곤하다
- 渴 kě 목마르다
- 帅 shuài 멋있다

단어

어기조사

- [ ] 吗 ma 문장 끝에 쓰여 의문을 나타냄
- [ ] 吧 ba 문장 끝에 쓰여 추측을 나타냄
- [ ] 呢 ne 문장 끝에 쓰여 의문의 어기를 나타냄

부사

- [ ] 很 hěn 매우, 아주
- [ ] 不 bù 아니다
- [ ] 也 yě ~도, 또한

의문대사

- [ ] 哪儿 nǎr 어디
- [ ] 多少 duōshao 얼마
- [ ] 什么 shénme 무슨
- [ ] 几 jǐ 몇

인사

A：你好！　　　　　　　　　　B：再见。

- 谢谢！
- 对不起！

근황

A：你忙吗？　　　　　　　　　B：我很忙。

자기 소개

A：你叫什么名字？　　　　　　B：我姓张，叫秀妍。

A：你是中国人吗？　　　　　　B：不是，我是韩国人。

추측 표현

A：你是大学生吧？　　　　　　B：是，我是大学生。

학교 생활

A：你上几年级？　　　　　　　B：我上一年级。

A：你学什么？　　　　　　　　B：我学汉语。

날짜와 요일

A：你的生日是几月几号？　　　B：三月十四号。

A：今天星期几？　　　　　　　B：星期六。

계획

A：晚上你做什么？　　　　　　B：我去新村见朋友。

🡒 문법

1. **是** 'A是B'의 형식으로 쓰여 'A는 B이다'의 의미를 나타낸다.

    예 我是韩国人。Wǒ shì Hánguórén.
    我不是中国人。Wǒ bú shì Zhōngguórén.

2. **在** '在 + 장소'의 형식으로 쓰여 '(사람이나 사물이) ~에 있다'의 의미를 나타낸다.

    예 我家在新村。Wǒ jiā zài Xīncūn.
    他不在学校。Tā bú zài xuéxiào.

3. **吧** 문장 끝에 쓰여 추측의 의미를 나타낸다.

    예 你是大学生吧？Nǐ shì dàxuéshēng ba?
    你上一年级吧？Nǐ shàng yī niánjí ba?

4. **정반의문문** 동사나 형용사의 긍정형식과 부정형식을 함께 사용하여 의문문을 만든다.

    예 汉语难不难？Hànyǔ nán bu nán?
    你喝不喝咖啡？Nǐ hē bu hē kāfēi?

5. **명사술어문** 시간, 날짜, 요일 등을 말할 때는 명사구가 술어로 쓰일 수 있다.

    예 今天三月十四号。Jīntiān sān yuè shísì hào.
    明天星期六。Míngtiān xīngqīliù.

6. **연동문** '去 + 장소 + 동사구'는 '~하러 ~에 가다'의 의미이다.

    예 我去新村见朋友。Wǒ qù Xīncūn jiàn péngyou.
    我去商店买东西。Wǒ qù shāngdiàn mǎi dōngxi.

07 他在公司工作。

그는 회사에서 일해요.

학습목표
1. 가족 묻고 답하기
2. 나이와 직업 표현하기
3. 외모 묘사하기

기본표현
1. 你家有几口人?
2. 他在公司工作。
3. 他工作忙吗?
4. 她有男朋友吗?

단어 미리 보기

1 회화

- 有 yǒu — 동 있다
- 口 kǒu — 양 식구
- 爸爸 bàba — 명 아버지
- 妈妈 māma — 명 어머니
- 哥哥 gēge — 명 오빠, 형
- 和 hé — 접 ~와/과
- 工作 gōngzuò — 동명 일(하다)
- 公司 gōngsī — 명 회사
- 职员 zhíyuán — 명 직원
- 常常 chángcháng — 부 자주
- 出差 chū chāi — 동 출장가다

2 회화

- 谁 shéi — 대 누구
- 姐姐 jiějie — 명 누나, 언니
- 哇 wā — 감 와
- 真 zhēn — 부 참으로, 정말로
- 漂亮 piàoliang — 형 예쁘다
- 多 duō — 부 얼마나
- 大 dà — 형 크다
- 岁 suì — 양 ~세, 살
- 男朋友 nánpéngyou — 명 남자친구
- 还 hái — 부 아직

110

발음 연습

1 녹음을 듣고 한어병음에 성조를 표시하세요.

2 녹음을 듣고 한어병음을 쓰세요.

➡ 문장 미리 듣기

 다음 녹음을 듣고 따라 읽으세요.

1 你家 有 几口人?

几口人?	Jǐ kǒu rén?
有几口人?	Yǒu jǐ kǒu rén?
你家有几口人?	Nǐ jiā yǒu jǐ kǒu rén?

2 他 在公司 工作。

工作。	Gōngzuò.
在公司工作。	Zài gōngsī gōngzuò.
他在公司工作。	Tā zài gōngsī gōngzuò.

3 我 还 没有 男朋友。

有男朋友。	Yǒu nánpéngyou.
没有男朋友。	Méiyǒu nánpéngyou.
还没有男朋友。	Hái méiyǒu nánpéngyou.
我还没有男朋友。	Wǒ hái méiyǒu nánpéngyou.

회화 1

李阳　　Nǐ jiā yǒu jǐ kǒu rén?
　　　　你家有几口人？

秀妍　　Sì kǒu rén, bàba, māma, gēge hé wǒ.
　　　　四口人，爸爸、妈妈、哥哥和我。

李阳　　Nǐ bàba zuò shénme gōngzuò?
　　　　你爸爸做什么工作？

秀妍　　Tā zài gōngsī gōngzuò, shì gōngsī zhíyuán.
　　　　他在公司工作，是公司职员。

李阳　　Tā gōngzuò máng ma?
　　　　他工作忙吗？

秀妍　　Hěn máng, chángcháng chū chāi.
　　　　很忙，常常出差。

 확인학습

본문의 대화내용을 참조하여 빈칸을 채우세요.

秀妍的爸爸＿＿＿＿＿＿工作，是＿＿＿＿＿＿。

회화 2

佳佳 　Zhè shì shéi?
　　　这是谁?

在民 　Shì wǒ jiějie.
　　　是我姐姐。

佳佳 　Wā, zhēn piàoliang! Tā jīnnián duō dà?
　　　哇，真漂亮! 她今年多大?

在民 　Èrshísān suì.
　　　二十三岁。

佳佳 　Tā yǒu nánpéngyou ma?
　　　她有男朋友吗?

在民 　Hái méiyǒu.
　　　还没有。

 확인학습

본문의 대화내용을 참조하여 빈칸을 채우세요.

在民的姐姐今年＿＿＿＿＿＿。

교체연습

회화1 1
A: 你家有几口人?
B: 四口人，爸爸、妈妈、哥哥和我。

교체단어
(1) 三 sān / 爸爸 bàba、妈妈 māma
(2) 五 wǔ / 爸爸、妈妈、两个妹妹 liǎng ge mèimei
(3) 六 liù / 爷爷 yéye、奶奶 nǎinai、爸爸、妈妈、弟弟 dìdi

보충단어
两 liǎng ㈜ 2, 둘
妹妹 mèimei ⑲ 여동생
爷爷 yéye ⑲ 할아버지
奶奶 nǎinai ⑲ 할머니
弟弟 dìdi ⑲ 남동생

회화1 2
A: 他做什么工作?
B: 他在公司工作，是公司职员。

교체단어
(1) 医院 yīyuàn / 医生 yīshēng
(2) 报社 bàoshè / 记者 jìzhě
(3) 银行 yínháng / 银行职员 yínháng zhíyuán

보충단어
医院 yīyuàn ⑲ 병원
医生 yīshēng ⑲ 의사
报社 bàoshè ⑲ 신문사
记者 jìzhě ⑲ 기자

회화2 3
A: 这是谁?
B: 是我姐姐。
A: 哇, 真漂亮!

교체단어
(1) 哥哥 gēge / 帅 shuài   (2) 妹妹 mèimei / 可爱 kě'ài
(3) 妈妈 māma / 年轻 niánqīng

보충단어
可爱 kě'ài ⑱ 귀엽다
年轻 niánqīng ⑱ 젊다

회화2 4
A: 你有男朋友吗?
B: 我没有男朋友。

교체단어
(1) 中国朋友 Zhōngguó péngyou
(2) 笔记本电脑 bǐjìběn diànnǎo   (3) 手机 shǒujī

보충단어
笔记本电脑
bǐjìběn diànnǎo ⑲ 노트북

문법 알아보기

1 他<mark>在</mark>公司工作。

'在 + 장소' 형식이 동사 앞에 쓰이면 '在'는 '~에서'라는 뜻의 개사로 동작이 발생하는 장소를 나타낸다.

주어 + 在 + 장소 + 동사 + 목적어

예) 我们<mark>在</mark>家看书。Wǒmen zài jiā kàn shū.
　　我<mark>在</mark>咖啡馆喝咖啡。Wǒ zài kāfēiguǎn hē kāfēi.
　　他们<mark>在</mark>公园玩儿。Tāmen zài gōngyuán wánr.
　　他<mark>在</mark>教室上课。Tā zài jiàoshì shàng kè.

확인학습

1 다음 문장을 중국어로 옮기세요.

(1) 나는 교실에서 수업을 한다. ➡ _____
(2) 그녀는 상점에서 물건을 산다. ➡ _____
(3) 그들은 도서관에서 책을 본다. ➡ _____

보충단어
公园 gōngyuán 명 공원 | 玩儿 wánr 동 놀다 | 教室 jiàoshì 명 교실

2 他工作很忙。

술어구가 '주어 + 술어'의 형식으로 이루어진 문장을 '주술술어문'이라 한다.

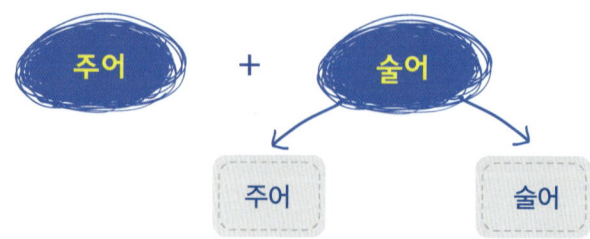

문법 알아보기

예) 他个子很高。 Tā gèzi hěn gāo.
北京冬天很冷。 Běijīng dōngtiān hěn lěng.
我妈妈身体很好。 Wǒ māma shēntǐ hěn hǎo.

확인학습

2 다음 단어를 알맞은 순서로 배열하세요.

(1) 很 / 冷 / 冬天 / 首尔 ➡ _____
(2) 男朋友 / 很 / 个子 / 我 / 高 ➡ _____
(3) 我 / 身体 / 好 / 很 / 爷爷 ➡ _____

보충단어

个子 gèzi 몡 키 | 高 gāo 혱 높다, (키가) 크다 | 冬天 dōngtiān 몡 겨울
冷 lěng 혱 춥다 | 身体 shēntǐ 몡 몸, 건강

3 她有男朋友。

'有'는 '있다'라는 의미로 소유를 나타내며, 부정은 '没有'를 사용한다.

예) 我有两个弟弟。 Wǒ yǒu liǎng ge dìdi.
你有女朋友吗? Nǐ yǒu nǚpéngyou ma?
A: 你有没有课? Nǐ yǒu méiyǒu kè?
B: 今天我没有课。 Jīntiān wǒ méiyǒu kè.

확인학습

3 有와 没有를 사용하여 다음 대화를 완성하세요.

(1) A: _____ B: 我哥哥有女朋友。
(2) A: _____ B: 明天我有汉语课。
(3) A: _____ B: 他有手机。

문법 알아보기

4 她今年多大?

나이를 묻는 방식은 상대방에 따라 달라진다.

어린아이에게
예 A: 你今年几岁? Nǐ jīnnián jǐ suì?   B: 七岁。Qī suì.

비슷한 연배에게
예 A: 你今年多大? Nǐ jīnnián duō dà?   B: 二十岁。Èrshí suì.

연세가 많은 어른께
예 A: 你爸爸今年多大年纪? Nǐ bàba jīnnián duō dà niánjì?
   B: 五十四岁。Wǔshísì suì.

띠로 나이를 물을 경우
예 A: 你属什么? Nǐ shǔ shénme?   B: 我属狗。Wǒ shǔ gǒu.

확인학습

4 다음 대화를 완성하세요.

(1) A: _____   B: 我妹妹九岁。
(2) A: _____   B: 我奶奶今年八十岁。
(3) A: _____   B: 我哥哥二十二岁。
(4) A: _____   B: 他属鸡。

보충단어
属 shǔ 동 ~띠에 속하다 | 狗 gǒu 명 개 | 鸡 jī 명 닭

확인문제

1 녹음 내용에 해당하는 그림을 고르세요.

(1) _____   (2) _____   (3) _____

A.    B.    C.

2 녹음 내용과 일치하면 ○, 일치하지 않으면 × 표시하세요.

(1) 我家有爸爸、妈妈、两个弟弟和我。　　(　　)

(2) 我爸爸是记者，常常去中国出差。　　　(　　)

(3) 他女朋友是大学生，很可爱。　　　　　(　　)

3 녹음 내용과 일치하는 것에 ✓를 표시하세요.

(1) A. 21岁　　　　B. 24岁　　　　C. 27岁

(2) A. 公司职员　　B. 记者　　　　C. 银行职员

(3) A. 图书馆　　　B. 教室　　　　C. 咖啡馆

확인문제

4 주어진 단어를 선택해서 빈칸을 채운 후에 대화하세요.

> 谁   多   哪儿   什么   几

(1) A: 你姐姐今年_____大?   B: 她二十二岁。
(2) A: 他是_____?   B: 他是我的汉语老师。
(3) A: 你在_____上课?   B: 我在教室上课。
(4) A: 你有_____个妹妹?   B: 我有两个妹妹。

5 아래 대화를 참고하여 가족에 대해 친구와 묻고 답하세요.

(1) A: 你有兄弟姐妹吗?
　　B: 有一个弟弟。

(2) A: 他今年多大?
　　B: 他十六岁。

(3) A: 他是高中生吗?
　　B: 不, 他是初中生。

(4) A: 他在哪儿上学?
　　B: 他在新村中学上学。

관계	나이	학력	학교
弟弟	16岁	初中生	新村中学

보충단어

兄弟姐妹 xiōngdì jiěmèi 몡 형제자매 ｜ 上学 shàng xué 동 학교 다니다

6 보기를 참고하여 20년 후 자신의 가족 사진을 상상하며 친구에게 소개하세요.

보기
- 他(她)是_____。(관계)
- 他(她)今年_____。(나이)
- 他(她)在_____。(직업)
- 他(她)个子_____。(외모)

他是我爸爸……

보충단어

 사진을 보고 단어의 뜻을 유추하세요.

公务员 gōngwùyuán

演员 yǎnyuán

歌手 gēshǒu

厨师 chúshī

军人 jūnrén

运动员 yùndòngyuán

 사진 속의 한자를 보고 무슨 뜻인지 유추하세요.

公共卫生间
gōnggòng wèishēngjiān

女洗手间
nǚ xǐshǒujiān

중국의 가정 모습

三口之家 sān kǒu zhī jiā
(세 식구 가정)

鼓励计划生育 gǔlì jìhuà shēngyù
(한 자녀를 장려하는 포스터)

中国"小皇帝"
Zhōngguó "xiǎohuángdì"
(중국 '소황제')

做家务的中国男人
zuò jiāwù de Zhōngguó nánrén
(집안일을 하는 중국 남자)

　중국 정부는 과도한 인구 팽창을 억제하기 위해 1978년부터 '한 가정 한 자녀 갖기 정책'을 시행했다. 그러나 저출산·고령화에 따른 인구 감소로 인해 이 정책은 공식적으로 폐지되었으며, 2021년 8월부터 한 가정에서 세 자녀까지 낳을 수 있는 정책을 시행하고 있다.
　중국은 대부분의 여성이 사회생활을 하므로 맞벌이 가정이 일반적이다. 따라서 남성들도 퇴근 후 방 청소, 설거지 등의 집안일뿐만 아니라 육아에도 적극적으로 참여한다.

08

你想吃什么?
무엇을 먹고 싶으세요?

학습목표

1. 시간 묻고 답하기
2. 약속하기
3. 희망 표현하기

기본표현

1. 你几点上课?
2. 下课以后一起吃晚饭吧。
3. 我给你打电话。
4. 你想吃什么?

단어 미리 보기

1 회화

- 现在 xiànzài — 명 지금
- 点 diǎn — 양 시
- 分 fēn — 양 분
- 下课 xià kè — 동 수업을 마치다
- 以后 yǐhòu — 명 이후
- 一起 yìqǐ — 부 같이
- 晚饭 wǎnfàn — 명 저녁식사
- 吧 ba — 조 문장 끝에 쓰여 제안을 나타내는 어기조사
- 打 dǎ — 동 (전화를) 걸다, 때리다
- 电话 diànhuà — 명 전화
- 半 bàn — 수 반, 절반
- 给 gěi — 개 ~에게

2 회화

- 请客 qǐng kè — 동 한턱 내다
- 想 xiǎng — 조동 ~하고 싶다
- 麻辣烫 málàtàng — 명 마라탕
- 爱 ài — 동 좋아하다, 사랑하다
- 菜 cài — 명 요리
- 对 duì — 형 맞다
- 味道 wèidao — 명 맛
- 怎么样 zěnmeyàng — 대 어때요, 어때
- 有点儿 yǒudiǎnr — 부 약간
- 辣 là — 형 맵다
- 不过 búguò — 접 그러나
- 好吃 hǎochī — 형 맛있다

발음 연습

1 녹음을 듣고 한어병음에 성조를 표시하세요.

2 녹음을 듣고 한어병음을 쓰세요.

A　Nǐ _____ shàng kè?

B　Sān diǎn _____ .

A　Xià kè _____ wǒmen yìqǐ chī wǎnfàn ba.

B　Hǎo, wǒ _____ nǐ dǎ diànhuà.

➡ 문장 미리 듣기

 다음 녹음을 듣고 따라 읽으세요.

1 你　　几点　　上课?

上课。	Shàng kè.
几点上课?	Jǐ diǎn shàng kè?
你几点上课?	Nǐ jǐ diǎn shàng kè?

2 下课以后　我们　一起　吃晚饭　吧。

我们吃晚饭吧。	Wǒmen chī wǎnfàn ba.
我们一起吃晚饭吧。	Wǒmen yìqǐ chī wǎnfàn ba.
下课以后我们一起吃晚饭吧。	Xià kè yǐhòu wǒmen yìqǐ chī wǎnfàn ba.

3 你　想　吃什么?

吃什么?	Chī shénme?
想吃什么?	Xiǎng chī shénme?
你想吃什么?	Nǐ xiǎng chī shénme?

회화 1

在民　Xiànzài jǐ diǎn?
　　　现在几点?

李阳　Sān diǎn shí fēn.
　　　三点十分。

在民　Nǐ jǐ diǎn shàng kè?
　　　你几点上课?

李阳　Sān diǎn bàn.
　　　三点半。

在民　Xià kè yǐhòu wǒmen yìqǐ chī wǎnfàn ba.
　　　下课以后我们一起吃晚饭吧。

李阳　Hǎo. Wǒ gěi nǐ dǎ diànhuà, yíhuìr jiàn!
　　　好。我给你打电话，一会儿见!

 확인학습

본문의 대화내용을 참조하여 빈칸을 채우세요.

下课以后在民和李阳_____。

회화 2

李阳　　Jīntiān wǒ qǐng kè. Nǐ xiǎng chī shénme?
　　　　今天我请客。你想吃什么?

在民　　Wǒ xiǎng chī málàtàng.
　　　　我想吃麻辣烫。

李阳　　Nǐ ài chī Zhōngguó cài ma?
　　　　你爱吃中国菜吗?

在民　　Duì, wǒ hěn ài chī.
　　　　对，我很爱吃。

(잠시 후)

李阳　　Wèidao zěnmeyàng?
　　　　味道怎么样?

在民　　Yǒudiǎnr là, búguò hěn hǎochī.
　　　　有点儿辣，不过很好吃。

 확인학습

본문의 대화내용을 참조하여 빈칸을 채우세요.

麻辣烫的味道_____，不过_____。

교체연습

회화1 1
A: 你几点上课?
B: 三点十分。

교체단어
(1) 起床 qǐ chuáng / 六点一刻 liù diǎn yíkè
(2) 回家 huí jiā / 九点半 jiǔ diǎn bàn
(3) 睡觉 shuì jiào / 十一点三刻 shíyī diǎn sānkè

보충단어
起床 qǐ chuáng 동 일어나다
刻 kè 양 15분
(15분을 '一刻'라 함)
回家 huí jiā 동 귀가하다
睡觉 shuì jiào 동 잠자다

회화1 2
下课以后我们一起吃晚饭吧。

교체단어
(1) 散步 sàn bù   (2) 回家 huí jiā
(3) 喝咖啡 hē kāfēi

보충단어
散步 sàn bù 동 산책하다

회화2 3
A: 你想吃什么?
B: 我想吃麻辣烫。

교체단어
(1) 烤肉 kǎoròu   (2) 烤鸭 kǎoyā
(3) 炸酱面 zhájiàngmiàn

보충단어
烤肉 kǎoròu 명 불고기
烤鸭 kǎoyā 명 오리구이
炸酱面 zhájiàngmiàn
명 자장면

회화2 4
A: 味道怎么样?
B: 有点儿辣，不过很好吃。

교체단어
(1) 咸 xián   (2) 甜 tián
(3) 苦 kǔ

보충단어
咸 xián 형 짜다
甜 tián 형 달다
苦 kǔ 형 쓰다

문법 알아보기

1 现在三**点**十**分**。

- '시'는 '点', '분'은 '分'으로 나타낸다. 단, '2시'는 '二点'이 아니라 '两点'이라고 한다.

  예 2시 10분   两**点**十**分** liǎng diǎn shí fēn

- '5분'은 '(零)五分'이라고 한다.

  예 1시 5분   一**点**(零)五**分** yī diǎn (líng) wǔ fēn

- '十五分'은 '一刻', '三十分'은 '半', '四十五分'은 '三刻'라고도 한다.

  예 3시 15분   三点一刻 sān diǎn yíkè
                三**点**十五**分** sān diǎn shíwǔ fēn

  예 5시 30분   五点半 wǔ diǎn bàn
                五**点**三十**分** wǔ diǎn sānshí fēn

  예 7시 45분   七点三刻 qī diǎn sānkè
                七**点**四十五**分** qī diǎn sìshíwǔ fēn

- 45분 이후는 '差 + 정각까지 남은 시간 + 정각' 형식을 사용하여 표현하기도 한다.

  예 8시 45분   差一刻九点 chà yíkè jiǔ diǎn
                八**点**四十五**分** bā diǎn sìshíwǔ fēn

  예 9시 55분   差五分十点 chà wǔ fēn shí diǎn
                九**点**五十五**分** jiǔ diǎn wǔshíwǔ fēn

확인학습

1 다음을 중국어로 옮기세요.

(1) 2:45 ➡ _____

(2) 4:55 ➡ _____

(3) 7:05 ➡ _____

▶ 보충단어

差 chà 형 부족하다

문법 알아보기

2 下课以后我们一起吃饭吧。

어기조사 '吧'는 문장 끝에 쓰여 '~합시다'라는 제안의 의미를 나타낸다.

예) 我们一起去吃饭吧。 Wǒmen yìqǐ qù chī fàn ba.
　　我们一起去看电影吧。 Wǒmen yìqǐ qù kàn diànyǐng ba.
　　我们去上课吧。 Wǒmen qù shàng kè ba.

확인학습

2 吧를 사용하여 다음 문장을 중국어로 옮기세요.

(1) 우리 같이 커피숍에 커피 마시러 가자. ➡ _____
(2) 우리 같이 북경에 중국어 배우러 가자. ➡ _____
(3) 우리 같이 중국식당에 자장면을 먹으러 가자. ➡ _____

3 我想吃拌饭。

조동사 '想'은 동사 앞에 쓰여 '~하고 싶다, ~하려고 하다' 등 희망이나 계획을 나타내며, 부정은 '不想'을 사용한다.

긍정문	부정문
주어 + 想 + 동사 + 목적어	주어 + 不想 + 동사 + 목적어
我想吃拌饭。	我不想吃拌饭。

예) 我想当老师。 Wǒ xiǎng dāng lǎoshī.

　　A: 你想去哪儿? Nǐ xiǎng qù nǎr?
　　B: 我想去中国。 Wǒ xiǎng qù Zhōngguó. (긍정)

　　A: 你想去中国吗? Nǐ xiǎng qù Zhōngguó ma?
　　B: 我不想去中国。 Wǒ bù xiǎng qù Zhōngguó. (부정)

문법 알아보기

확인학습

3 다음 대화를 완성하세요.

(1) A: 你想当什么? B: _____。
(2) A: 你想吃什么菜? B: _____。
(3) A: 你想听什么音乐? B: _____。

보충단어

当 dāng 통 ~이 되다

4 韩国菜有点儿辣。

'有点儿'은 형용사 앞에 쓰여 '조금, 약간'의 의미를 나타낸다.

예) 这咖啡有点儿苦。 Zhè kāfēi yǒudiǎnr kǔ.
这个菜有点儿咸。 Zhè ge cài yǒudiǎnr xián.
现在去有点儿早。 Xiànzài qù yǒudiǎnr zǎo.

확인학습

4 有点儿를 사용하여 다음 문장을 중국어로 옮기세요.

(1) 이 숙제는 조금 어렵네요. ➡ _____
(2) 저는 오늘 조금 피곤합니다. ➡ _____
(3) 배가 조금 고픈데, 같이 밥 먹으러 가요. ➡ _____

보충단어

早 zǎo 형 (때가) 이르다, 빠르다 | 作业 zuòyè 명 숙제 | 肚子 dùzi 명 배

확인문제

1 녹음 내용에 해당하는 그림을 고르세요.

(1) _____ (2) _____ (3) _____

A.  B.  C.

2 녹음 내용과 일치하면 ○, 일치하지 않으면 × 표시하세요.

(1) 现在十二点二十分。　(2) 我每天七点半起床。　(3) 我下午三点一刻下课。

　　　(　　)　　　　　　　　　(　　)　　　　　　　　　(　　)

▶ 보충단어

每天 měitiān 명 매일

3 녹음 내용과 일치하는 것에 ✓를 표시하세요.

(1) A. 十二点半睡觉　　B. 十一点半睡觉　　C. 十点半睡觉

(2) A. 想吃烤肉　　　　B. 想吃烤鸭　　　　C. 想吃麻辣烫

(3) A. 有点儿甜　　　　B. 有点儿咸　　　　C. 有点儿辣

확인문제

4 주어진 단어로 빈칸을 채우세요.

> 以后　给　想　吧　不过

(1) 明天我_____你发电子邮件。　(2) 到首尔_____我给你打电话。

(3) 你_____做什么工作?　(4) 下午我们一起去喝咖啡_____。

보충단어

电子邮件 diànzǐ yóujiàn 명 전자 우편, 이메일 | 到 dào 동 도착하다

5 아래 대화를 참고하여 주어진 단어를 사용해 대화를 나누세요.

| A: 你想吃什么? | A: 拌饭味道怎么样? |
| B: 我想吃拌饭。 | B: 有点儿辣, 不过很好吃。 |

(1) 炸酱面 / 甜　　(2) 烤鸭 / 油腻　　(3) 烤肉 / 咸

보충단어

油腻 yóunì 형 기름지다
拌饭 bànfàn 명 비빔밥

6 보기를 참고하여 친구에게 하루 일과를 물어보고 표를 채우세요.

일과	시간
起床	
吃早饭	
上学	
回家	
睡觉	

보기: 你几点起床?

보충단어

早饭 zǎofàn 명 아침밥

보충단어

사진을 보고 단어의 뜻을 유추하세요.

糖醋肉 tángcùròu

火锅 huǒguō

麻辣香锅 málàxiāngguō

辣炒年糕 làchǎo niángāo

参鸡汤 shēnjītāng

大酱汤 dàjiàngtāng

사진 속의 한자를 보고 무슨 뜻인지 유추하세요.

售票处 shòupiàochù

询问室 xúnwènshì

중국문화

중국의 4대 요리

鲁菜 Lǔ cài - 烤鸭
(산동요리)

淮扬菜 Huáiyáng cài - 阳澄湖大闸蟹
(강소요리)

川菜 Chuān cài - 麻婆豆腐
(사천요리)

粤菜 Yuè cài - 点心
(광동요리)

중국에는 '날아다니는 것 중에는 비행기, 네 발 달린 것 중에는 책상, 헤엄치는 것 중에서는 잠수함을 제외하고는 다 먹는다'는 말이 있는만큼 지역에 따라 다양한 요리가 있다는 것을 알 수 있다. 그 중 다소 짜지만 담백하고 느끼하지 않은 산동요리에는 오리구이(烤鸭 kǎoyā)가, 해산물을 많이 사용하는 담백하고 신선한 강소요리에는 양청후 참게요리(阳澄湖大闸蟹 yángchénghú dàzháxiè)가, 맵고 맛이 강한 사천요리에는 마파두부(麻婆豆腐 mápó dòufu)가, 종류가 다양하고 정교한 광동요리에는 딤섬(点心 diǎnxīn) 등이 대표적인 중국요리로 손꼽힌다.

09 你喜欢做什么?
당신은 무엇하는 것을 좋아하세요?

학습목표
1. 취미 묻고 답하기
2. 능력 표현하기
3. 과거 표현하기

기본표현
1. 你喜欢做什么?
2. 不会，有时间你教我吧。
3. 昨天你做什么了?
4. 我跟你一起去。

단어 미리 보기

1 회화

- 喜欢 xǐhuan — 동 좋아하다
- 唱 chàng — 동 노래하다
- 歌 gē — 명 노래
- 游泳 yóu yǒng — 동 수영하다
- 会 huì — 조동 ~할 줄 알다, ~할 수 있다
- 时间 shíjiān — 명 시간
- 教 jiāo — 동 가르치다
- 没问题 méi wèntí — 문제없다, 자신 있다

2 회화

- 了 le — 조 문장 끝에 쓰여 동작의 발생을 나타내는 어기조사
- 事儿 shìr — 명 일
- 东大门 Dōngdàmén — 명 (지명) 동대문
- 衣服 yīfu — 명 옷
- 跟 gēn — 접개 ~와(과)

발음 연습

1 녹음을 듣고 한어병음에 성조를 표시하세요.

问题	wen ti	事儿	shi r
跳舞	tiao wu	网球	wang qiu
逛街	guang jie	演唱会	yan chang hui

2 녹음을 듣고 한어병음을 쓰세요.

A　Nǐ _____ zuò shénme?

B　Wǒ xǐhuan _____ , nǐ ne?

A　Wǒ xǐhuan yóu yǒng. Nǐ _____ yóu yǒng ma?

B　Bú huì, yǒu shíjiān nǐ _____ wǒ ba.

→ 문장 미리 듣기

 다음 녹음을 듣고 따라 읽으세요.

1 你 喜欢 做什么?

做什么?   Zuò shénme?
喜欢做什么?   Xǐhuan zuò shénme?
你喜欢做什么?   Nǐ xǐhuan zuò shénme?

2 昨天 你 做什么 了?

做什么了?   Zuò shénme le?
你做什么了?   Nǐ zuò shénme le?
昨天你做什么了?   Zuótiān nǐ zuò shénme le?

3 我 跟你 一起去。

一起去。   Yìqǐ qù.
跟你一起去。   Gēn nǐ yìqǐ qù.
我跟你一起去。   Wǒ gēn nǐ yìqǐ qù.

회화 1

李阳　　Nǐ xǐhuan zuò shénme?
　　　　你喜欢做什么?

秀妍　　Wǒ xǐhuan chàng gē. Nǐ ne?
　　　　我喜欢唱歌。你呢?

李阳　　Wǒ xǐhuan yóu yǒng. Nǐ huì yóu yǒng ma?
　　　　我喜欢游泳。你会游泳吗?

秀妍　　Bú huì, yǒu shíjiān nǐ jiāo wǒ ba.
　　　　不会，有时间你教我吧。

李阳　　Hǎo, méi wèntí.
　　　　好，没问题。

확인학습

본문의 대화내용을 참조하여 빈칸을 채우세요.

李阳喜欢_____, 秀妍喜欢_____。

회화 2

佳佳　Zuótiān nǐ zuò shénme le?
　　　昨天你做什么了？

秀妍　Wǒ jiàn péngyou le.
　　　我见朋友了。

佳佳　Zhè ge xīngqītiān nǐ yǒu shìr ma?
　　　这个星期天你有事儿吗？

秀妍　Méi shìr.
　　　没事儿。

佳佳　Wǒ qù Dōngdàmén mǎi yīfu, yìqǐ qù ba.
　　　我去东大门买衣服，一起去吧。

秀妍　Hǎo, wǒ gēn nǐ yìqǐ qù.
　　　好，我跟你一起去。

 확인학습

본문의 대화내용을 참조하여 빈칸을 채우세요.

佳佳和秀妍这个星期天＿＿＿＿＿＿。

교체연습

회화1 1
A: 你喜欢做什么?
B: 我喜欢唱歌。

교체단어
(1) 跳舞 tiào wǔ　　(2) 旅行 lǚxíng
(3) 玩儿游戏 wánr yóuxì

보충단어
跳舞 tiào wǔ 통 춤추다
游戏 yóuxì 명 게임

회화1 2
A: 你会游泳吗?
B: 我不会游泳。

교체단어
(1) 打网球 dǎ wǎngqiú　　(2) 弹钢琴 tán gāngqín
(3) 开车 kāi chē

보충단어
网球 wǎngqiú 명 테니스
弹 tán 통 연주하다
钢琴 gāngqín
명 피아노
开车 kāi chē 통 운전하다

회화2 3
A: 昨天你做什么了?
B: 昨天我见朋友了。

교체단어
(1) 逛街 guàng jiē　　(2) 看演唱会 kàn yǎnchànghuì
(3) 去健身房 qù jiànshēnfáng

보충단어
逛街 guàng jiē
통 거리를 구경하다
演唱会 yǎnchànghuì
명 콘서트
健身房 jiànshēnfáng
명 체육관, 헬스 클럽

회화2 4
我跟男朋友一起去东大门买衣服。

교체단어
(1) 公园 gōngyuán / 玩儿 wánr
(2) 咖啡馆 kāfēiguǎn / 聊天儿 liáo tiānr
(3) 电影院 diànyǐngyuàn / 看电影 kàn diànyǐng

보충단어
聊天儿 liáo tiānr
통 한담하다, 잡담하다

문법 알아보기

1 我会游泳。

조동사 '会'는 동사 앞에 쓰여 '~할 줄 알다, ~할 수 있다'의 의미를 나타내며, 학습을 통해 동작이나 행위를 할 수 있게 된 것을 말한다. 부정은 '不会'를 사용한다.

긍정문	부정문	정반의문문
주어 + 会 + 동사 + 목적어	주어 + 不会 + 동사 + 목적어	주어 + 会不会 + 동사 + 목적어
我会游泳。	我不会游泳。	你会不会游泳?

예 我会说英语。　Wǒ huì shuō Yīngyǔ.
　　我不会唱中文歌。　Wǒ bú huì chàng Zhōngwén gē.
　　你会不会做菜?　Nǐ huì bu huì zuò cài?

확인학습

1 다음 질문을 읽고 자신의 상황에 맞게 중국어로 답하세요.

　(1) A: 你会说汉语吗?　　B: _____
　(2) A: 你会游泳吗?　　　B: _____
　(3) A: 你会不会开车?　　B: _____

2 我喜欢游泳。

동사 '喜欢'은 '~을 좋아하다'의 의미로, 뒤에 명사(구)나 동사(구)가 올 수 있다.

예 我喜欢唱歌。　Wǒ xǐhuan chàng gē.
　　我喜欢这部电影。　Wǒ xǐhuan zhè bù diànyǐng.
　　他喜欢读书, 我喜欢做菜。　Tā xǐhuan dú shū, wǒ xǐhuan zuò cài.

문법 알아보기

확인학습

2 喜欢을 사용하여 다음 문장을 중국어로 옮기세요.

(1) 나는 운동하는 것을 좋아합니다. ➡ _____

(2) 중국사람은 차 마시는 것을 좋아합니다. ➡ _____

(3) 나는 혼자 여행하는 것을 좋아합니다. ➡ _____

보충단어

部 bù 양 편(영화의 편수를 세는 양사) | 读书 dú shū 동 책을 읽다, 공부하다 |
运动 yùndòng 동 운동하다 | 一个人 yí ge rén 혼자, 한사람

3 我跟你一起去。

개사 '跟'은 '跟……一起'의 형식으로 동사 앞에 쓰여 '~와 함께'의 의미를 나타낸다.

예) 她跟我一起去东大门买衣服。 Tā gēn wǒ yìqǐ qù Dōngdàmén mǎi yīfu.
我跟朋友一起去旅行。 Wǒ gēn péngyou yìqǐ qù lǚxíng.
我跟妈妈一起去逛街。 Wǒ gēn māma yìqǐ qù guàng jiē.

확인학습

3 다음 단어를 알맞은 순서로 배열하세요.

(1) 谁 / 你 / 一起 / 电影 / 看 / 跟 ➡ _____

(2) 跟 / 我 / 一起 / 他 / 汉语 / 学 ➡ _____

(3) 你 / 他 / 跟 / 去 / 哪儿 / 一起 ➡ _____

문법 알아보기

4 昨天我见朋友了。

'了'는 문장 끝에 쓰여 동작의 발생을 나타낸다. 부정은 동사 앞에 '没(有)'를 쓰며, 문장 끝에 '了'는 쓰지 않는다.

긍정문	부정문
주어 + 동사 + 목적어 + 了	주어 + 没(有) + 동사 + 목적어
昨天我见朋友了。	昨天我没(有)见朋友。

예) 他去中国。Tā qù Zhōngguó. (긍정) → 他不去中国。Tā bú qù Zhōngguó. (부정)
　　他去中国了。Tā qù Zhōngguó le. (긍정) → 他没去中国。Tā méi qù Zhōngguó. (부정)
　　周末我去爬山了。Zhōumò wǒ qù pá shān le. (긍정)
　　→ 周末我没去爬山。Zhōumò wǒ méi qù pá shān. (부정)

 확인학습

4 다음 문장을 중국어로 옮기세요.

(1) 나는 지난 일요일에 영화를 보았다. ➡ _____

(2) 그는 어제 수업에 오지 않았다. ➡ _____

(3) 오늘 아침밥을 먹지 않았다. ➡ _____

확인문제

1 녹음 내용에 해당하는 그림을 고르세요.

(1) _____   (2) _____   (3) _____

A.    B.    C.

2 녹음 내용과 일치하면 ○, 일치하지 않으면 × 표시하세요.

(1) 我会打网球，有时间我教你吧。 （　　）

(2) 昨天我和朋友一起去看电影了。 （　　）

(3) 这个星期天我跟男朋友一起去旅行。 （　　）

3 녹음 내용과 일치하는 것에 ✓를 표시하세요.

(1) A. 打网球   B. 跳舞   C. 唱歌

(2) A. 去公园玩儿了   B. 去健身房运动了   C. 去电影院看电影了

(3) A. 跟朋友   B. 跟同学   C. 跟家人

보충단어

同学 tóngxué 명 학우 ｜ 家人 jiārén 명 집안 사람, 가족

확인문제

4 주어진 단어로 빈칸을 채우세요.

> 跟　　了　　一起　　喜欢　　会

(1) 这个周末我想_____朋友_____去逛街。

(2) 我很_____运动，每天都去打网球。

(3) 我不_____开车，很想学。

(4) 昨天晚上我去唱歌_____。

5 아래 대화를 참고하여 친구와 대화를 나누세요.

> A: 你喜欢做什么?
> B: 我喜欢游泳。你会游泳吗?
> A: 不会，有时间你教我吧。

(1) 做菜　　　　(2) 唱中国歌　　　　(3) 打网球

6 아래 대화를 참고하여 친구에 대해 알아보세요.

인물	활동
男朋友	看电影
家人	旅行

보기
A: 这个周末你想做什么?
B: 我想跟朋友一起去逛街。

보충단어

 사진을 보고 단어의 뜻을 유추하세요.

踢足球 tī zúqiú

打篮球 dǎ lánqiú

打棒球 dǎ bàngqiú

打排球 dǎ páiqiú

打保龄球 dǎ bǎolíngqiú

做瑜伽 zuò yújiā

 사진 속의 한자를 보고 무슨 뜻인지 유추하세요.

国际出发
guójì chūfā

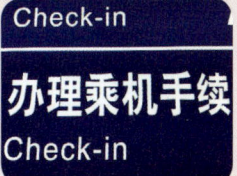

办理乘机手续
bànlǐ chéngjī shǒuxù

중국문화

중국의 아침 풍경

太极拳 tàijíquán
(태극권)

扇子舞 shànziwǔ
(부채춤)

地上写字 dìshang xiězì
(바닥에 글씨 쓰기)

养鸟 yǎngniǎo
(새 기르기)

중국의 아침 풍경은 곳곳마다 생동감이 넘친다. 특히 공원은 산책뿐만 아니라 여러 가지 여가생활을 위한 공간이다. 집 근처 공원에서는 태극권(太极拳 tàijíquán)을 포함한 각종 전통 무술과 부채춤 체조를 하는 중국인들의 모습을 쉽게 볼 수 있으며, 바닥에 커다란 붓으로 글씨를 쓰며 심신수양을 하는 모습도 매우 익숙한 풍경이다. 전통 악기를 연주하거나 경극을 부르는 모습, 새장을 한 손에 들고 산책을 하는 중국인들의 모습은 활기차고 건강한 중국인들의 아침 문화를 대표한다.

10

你在做什么?
무엇을 하고 있나요?

학습목표

1. 진행 나타내기
2. 가까운 미래 말하기
3. 정도 표현하기

기본표현

1. 你在做什么?
2. 快期末考试了。
3. 我得学习。
4. 期中考试考得不好。

단어 미리 보기

1 회화

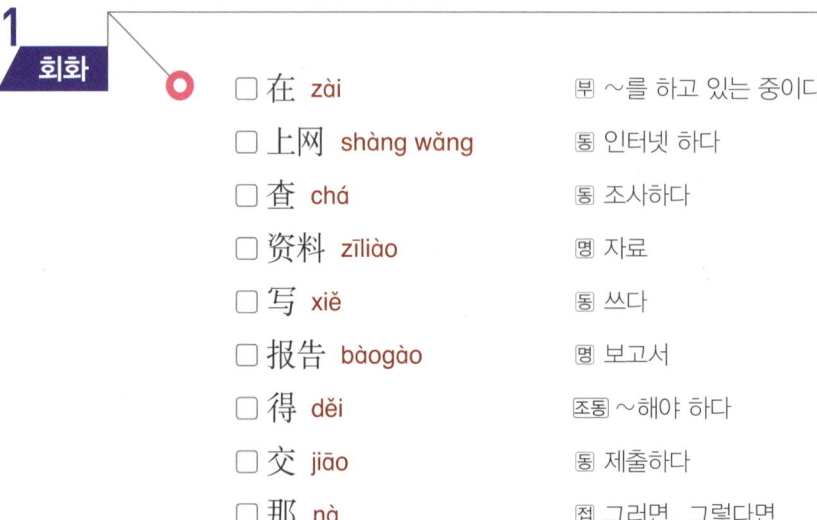

- 在 zài — 〔부〕 ~를 하고 있는 중이다
- 上网 shàng wǎng — 〔동〕 인터넷 하다
- 查 chá — 〔동〕 조사하다
- 资料 zīliào — 〔명〕 자료
- 写 xiě — 〔동〕 쓰다
- 报告 bàogào — 〔명〕 보고서
- 得 děi — 〔조동〕 ~해야 하다
- 交 jiāo — 〔동〕 제출하다
- 那 nà — 〔접〕 그러면, 그렇다면

2 회화

- 行 xíng — 〔형〕 괜찮다
- 快……了 kuài……le — 곧 ~하다
- 期末 qīmò — 〔명〕 학기말
- 考试 kǎoshì — 〔명·동〕 시험(을 보다)
- 用功 yònggōng — 〔형〕 노력하다, 열심히 하다
- 没办法 méi bànfǎ — 방법이 없다, 어쩔 수 없다
- 期中 qīzhōng — 〔명〕 (학기) 중간
- 考 kǎo — 〔동〕 시험보다
- 得 de — 〔조〕 동사나 형용사의 뒤에 쓰여, 결과나 정도의 표현을 이끄는 구조조사

발음 연습

1 녹음을 듣고 한어병음에 성조를 표시하세요.

2 녹음을 듣고 한어병음을 쓰세요.

A　Zhōumò qù kàn diànyǐng, _____?

B　Bù xíng, wǒ _____ shíjiān.

A　Nǐ _____ shénme ne?

B　_____ qīmò kǎoshì le, wǒ _____ xuéxí.

문장 미리 듣기

 다음 녹음을 듣고 따라 읽으세요.

1 你 在 做什么?

做什么?	Zuò shénme?
在做什么?	Zài zuò shénme?
你在做什么?	Nǐ zài zuò shénme?

2 明天 得 交报告。

交报告。	Jiāo bàogào.
得交报告。	Děi jiāo bàogào.
明天得交报告。	Míngtiān děi jiāo bàogào.

3 我 考得 不好。

考得好。	Kǎo de hǎo.
考得不好。	Kǎo de bù hǎo.
我考得不好。	Wǒ kǎo de bù hǎo.

회화 1

在民　　Nǐ zài zuò shénme?
　　　　你在做什么？

秀妍　　Wǒ zài shàng wǎng chá zīliào.
　　　　我在上网查资料。

在民　　Xiě bàogào, shì ma?
　　　　写报告，是吗？

秀妍　　Duì, míngtiān děi jiāo bàogào.
　　　　对，明天得交报告。

在民　　Nà nǐ kuài xiě ba.
　　　　那你快写吧。

확인학습

본문의 대화내용을 참조하여 빈칸을 채우세요.

秀妍在_____，她明天得交报告。

회화 2

佳佳 　Wéi? Xiùyán, zhōumò qù kàn diànyǐng, zěnmeyàng?
　　　喂？秀妍，周末去看电影，怎么样？

秀妍 　Bùxíng, wǒ méiyǒu shíjiān.
　　　不行，我没有时间。

佳佳 　Nǐ máng shénme ne?
　　　你忙什么呢？

秀妍 　Kuài qīmò kǎoshì le, wǒ děi xuéxí.
　　　快期末考试了，我得学习。

佳佳 　Nǐ zhēn yònggōng!
　　　你真用功！

秀妍 　Méi bànfǎ, qīzhōng kǎoshì kǎo de bù hǎo.
　　　没办法，期中考试考得不好。

 확인학습

본문의 대화내용을 참조하여 빈칸을 채우세요.

秀妍期中考试＿＿＿＿＿＿，周末得＿＿＿＿＿＿。

교체연습

MP3 2-30

 1 A: 你在做什么?

B: 我在上网查资料。

교체단어
(1) 上网课 shàng wǎngkè　(2) 看视频 kàn shìpín
(3) 打工 dǎ gōng

 2 明天得交报告。

교체단어
(1) 星期六 xīngqīliù / 上班 shàng bān
(2) 下午 xiàwǔ / 还书 huán shū
(3) 三点 sān diǎn / 去银行 qù yínháng

보충단어
上班 shàng bān 동 출근하다
还 huán 동 돌려주다

 3 快期末考试了。

교체단어
(1) 开学 kāi xué　(2) 放假 fàng jià
(3) 起飞 qǐfēi

보충단어
开学 kāi xué 동 개강하다
放假 fàng jià 동 방학하다
起飞 qǐfēi 동 이륙하다

 4 期中考试考得很好。

교체단어
(1) 汉语 Hànyǔ / 说 shuō　(2) 钢琴 gāngqín / 弹 tán
(3) 网球 wǎngqiú / 打 dǎ

문법 알아보기

1 我在上网查资料。

부사 '在'는 동사 앞에 위치하여 동작의 진행을 나타내며, 문장 끝에 '呢'를 붙일 수도 있다.

> 주어 + 在 + 동사 + 목적어 (+ 呢)

예) 我在写报告(呢). Wǒ zài xiě bàogào (ne).
    他在查资料(呢). Tā zài chá zīliào (ne).
    他在准备考试(呢). Tā zài zhǔnbèi kǎoshì (ne).

확인학습

1 부사 在를 사용하여 다음 문장을 중국어로 옮기세요.

(1) 그들은 이야기를 나누고 있다. ➡ _____
(2) 나는 영화를 보고 있다. ➡ _____
(3) 나는 친구와 점심을 먹고 있다. ➡ _____

보충단어
准备 zhǔnbèi 통 준비하다

2 明天得交报告。

조동사 '得(děi)'는 '~해야 한다'의 의미를 나타내며, 부정은 '不用'을 사용한다.

긍정문	부정문
주어 + 得 + 동사 + 목적어	주어 + 不用 + 동사 + 목적어
我得交报告。	我不用交报告。

예) A: 我得去上课吗? Wǒ děi qù shàng kè ma? B: 你不用去上课。Nǐ búyòng qù shàng kè.
    A: 我得换车吗? Wǒ děi huàn chē ma? B: 不用换车。Búyòng huàn chē.

문법 알아보기

확인학습

2 다음 문장을 중국어로 옮기세요.

(1) 오늘은 집에 일이 있어. 나 좀 일찍 집에 가야 해. ➡ _____

(2) 수업이 끝난 후, 그녀는 아르바이트를 하러 가야 한다. ➡ _____

(3) 내일은 토요일이야. 나는 출근을 하지 않아도 돼. ➡ _____

보충단어
换车 huàn chē 통 (차를) 갈아타다

---

3 快期末考试了。

'快……了'는 가까운 미래에 발생할 일을 나타내는데, 구체적인 시간을 나타내는 표현과는 함께 쓰일 수 없다.

예) 快考试了。 Kuài kǎoshì le. (○)
　　我快毕业了。 Wǒ kuài bì yè le. (○)
　　下周快结婚了。 Xiàzhōu kuài jié hūn le. (✕)

확인학습

3 快……了를 사용하여 다음 문장을 중국어로 옮기세요.

(1) 나는 곧 대학을 졸업한다. ➡ _____
(2) 곧 수업이 시작된다. ➡ _____
(3) 곧 학교에 도착한다. ➡ _____

보충단어
结婚 jié hūn 통 결혼하다 | 毕业 bì yè 통 졸업하다

문법 알아보기

4 期中考试考得不好。

동사나 형용사 술어 뒤에서 정도를 표현하여 술어의 내용을 보충해주는 성분을 정도보어라고 한다. 술어와 정도보어 사이에는 구조조사 '得(de)'가 사용된다.

> 주어 + 동사 / 형용사 + 得 + 정도 표현

예 她考得很好。 Tā kǎo de hěn hǎo. (긍정) → 她考得不好。 Tā kǎo de bù hǎo. (부정)
　 她来得很晚。 Tā lái de hěn wǎn. (긍정) → 她来得不晚。 Tā lái de bù wǎn. (부정)

동사에 목적어가 있으면 동사를 반복하여 쓰는데, 목적어 앞의 동사는 생략할 수 있다.

주어 + 동사 + 목적어 + 동사 + 得 + 정도표현	주어 + 목적어 + 동사 + 得 + 정도표현
她写字写得很快。	她字写得很快。

예 他说汉语说得很好。　Tā shuō Hànyǔ shuō de hěn hǎo.
　 他汉语说得很好。　　Tā Hànyǔ shuō de hěn hǎo.

4 다음 단어를 알맞은 순서로 배열하세요.

(1) 他 / 得 / 走 / 很 / 快　　➡ _____
(2) 妹妹 / 说 / 很 / 得 / 日语 / 好　➡ _____
(3) 他 / 网球 / 打 / 得 / 好 / 不 / 打　➡ _____

보충단어
字 zì 명 글자 ｜ 走 zǒu 동 걷다

확인문제

1 녹음 내용에 해당하는 그림을 고르세요.

(1) _____   (2) _____   (3) _____

A.    B.    C.

2 녹음 내용과 일치하면 ○, 일치하지 않으면 × 표시하세요.

(1) 快期中考试了，我在学习汉语。 (   )

(2) 他说英语说得不好。 (   )

(3) 明天下午我得去还书。 (   )

3 녹음 내용과 일치하는 것에 ✓를 표시하세요.

(1) A. 看电影   B. 看电视   C. 看书
(2) A. 网球打得很好 B. 网球打得不好   C. 网球打得不太好
(3) A. 我得学习   B. 我得上网   C. 我得写报告

▶ 보충단어
不太 bú tài 그다지 ~하지 않다

확인문제

4 주어진 단어로 빈칸을 채우세요.

> 得(děi)　　快……了　　在　　真　　太

(1) 我_____上网买东西呢。　　(2) 今天我_____去图书馆还书。
(3) _____放假_____，你想做什么？　(4) 你周末也学习，_____用功！

5 주어진 단어를 사용하여 대화를 완성하세요.

A: 喂，你在做什么呢？	A: _____。
B: _____。	B: 是吗？我们明天一起去看电影吧。
你呢？	

(1) 上网买衣服 / 在书店买书　　(2) 跳舞 / 学瑜伽　　(3) 做作业 / 看书

6 보기를 참고하여 친구의 특기에 대해 알아보세요.

이름	활동	특기
张秀妍	做菜	她做得很好。

보기
A: 你会做什么？
B: 我会做菜。

A: 你做菜做得怎么样？
B: 我做得很好。

보충단어

 사진을 보고 단어의 뜻을 유추하세요.

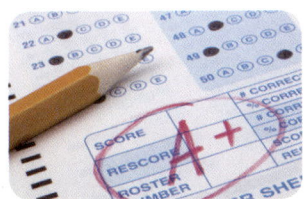
成绩 chéngjì

及格 jígé

不及格 bù jígé

面试 miànshì

口试 kǒushì

笔试 bǐshì

 사진 속의 한자를 보고 무슨 뜻인지 유추하세요.

全场7折
quánchǎng qīzhé

满 mǎn
减 jiǎn

买一送一
mǎiyī sòngyī

 중국문화

중국의 대학 생활

北京大学 Běijīng dàxué
(북경 대학교)

清华大学 Qīnghuá dàxué
(청화 대학교)

晨读 chéndú
(아침 공부)

大学宿舍 dàxué sùshè
(대학교 기숙사)

　　중국의 대학은 2년제나 3년제인 전문대학과 4년제 대학으로 이루어져 있다. 2년제는 专科 zhuānkē라고 하고, 4년제는 本科 běnkē라고 한다. 중국의 대학은 보통 기숙사 시설을 갖추고 있으며 대부분의 학생들이 기숙사 생활을 한다. 또한 중국 대학에도 다양한 社团 shètuán(동아리)이 있어 학생들의 다양한 활동이 이루어진다.

Tip

대학원 – 研究生院 yánjiūshēng yuàn / 전문대학 – 专科 zhuānkē

4년제 대학 학부 – 本科 běnkē / 단과대학 – 学院 xuéyuàn

11 你去过上海吗?
상해에 가본 적 있나요?

학습목표
1. 계획 묻고 답하기
2. 경험 묻고 답하기
3. 의견 표현하기

기본표현
1. 我要打工。
2. 我打算去中国旅行。
3. 你去过上海吗?
4. 我很想去看看。

단어 미리 보기

1 회화

- 什么时候 shénme shíhou 언제
- 时候 shíhou 몡 때, 시각
- 假期 jiàqī 몡 방학 기간, 휴일
- 打算 dǎsuan 동 ~할 계획이다
- 要 yào 조동 ~해야 한다, ~할 것이다
- 计划 jìhuà 몡동 계획(하다)

2 회화

- 过 guo 조 ~한 적이 있다
- 上海 Shànghǎi 몡 (지명) 상해
- 觉得 juéde 동 ~라고 생각하다, 여기다
- 夜景 yèjǐng 몡 야경
- 美 měi 형 아름답다
- 当 dāng 동 ~을 하다, ~에 종사하다
- 导游 dǎoyóu 몡 여행 가이드
- 一言为定 yìyán wéidìng 성어 번복함 없이 한 마디로 약속하다

발음 연습

1 녹음을 듣고 한어병음에 성조를 표시하세요.

2 녹음을 듣고 한어병음을 쓰세요.

A　Nǐ qù _____ Shànghǎi ma?

B　_____ méi qùguo. Shànghǎi zěnmeyàng?

A　Wǒ _____ yèjǐng hěn měi.

B　Wǒ hěn _____ qù kànkan.

문장 미리 듣기

 다음 녹음을 듣고 따라 읽으세요.

1 打算　　去中国　　旅行。

去旅行。　　　　　　　Qù lǚxíng.
去中国旅行。　　　　　Qù Zhōngguó lǚxíng.
打算去中国旅行。　　　Dǎsuan qù Zhōngguó lǚxíng.

2 我　没　去过　上海。

去上海。　　　　　　　Qù Shànghǎi.
我去过上海。　　　　　Wǒ qùguo Shànghǎi.
我没去过上海。　　　　Wǒ méi qùguo Shànghǎi.

3 我　想　去　看看。

看看。　　　　　　　　Kànkan.
我去看看。　　　　　　Wǒ qù kànkan.
我想去看看。　　　　　Wǒ xiǎng qù kànkan.

회화 1

在民: Nǐmen shénme shíhou fàng jià?
你们什么时候放假?

李阳: Qī yuè shíwǔ hào.
七月十五号。

在民: Zhè ge jiàqī nǐ dǎsuan zuò shénme?
这个假期你打算做什么?

李阳: Wǒ yào dǎ gōng. Nǐ yǒu shénme jìhuà?
我要打工。你有什么计划?

在民: Wǒ dǎsuan qù Zhōngguó lǚxíng.
我打算去中国旅行。

확인학습

본문의 대화내용을 참조하여 빈칸을 채우세요.

这个假期在民打算_____, 李阳要_____。

회화 2

佳佳　Nǐ qùguo Shànghǎi ma?
　　　你去过上海吗？

秀妍　Hái méi qùguo. Shànghǎi zěnmeyàng?
　　　还没去过。上海怎么样？

佳佳　Wǒ juéde yèjǐng hěn měi.
　　　我觉得夜景很美。

秀妍　Wǒ hěn xiǎng qù kànkan.
　　　我很想去看看。

佳佳　Nà zhè ge jiàqī lái ba, wǒ dāng nǐ de dǎoyóu.
　　　那这个假期来吧，我当你的导游。

秀妍　Hǎo, yìyán wéidìng!
　　　好，一言为定！

본문의 대화내용을 참조하여 빈칸을 채우세요.

秀妍这个假期_____，佳佳当_____。

교체연습

회화1 1
A: 你什么时候放假?
B: 七月十五号。

교체단어
(1) 毕业 bì yè / 明年二月 míngnián èr yuè
(2) 开学 kāi xué / 三月二号 sān yuè èr hào
(3) 上课 shàng kè / 九点半 jiǔ diǎn bàn

회화1 2
A: 这个假期你打算做什么?
B: 我打算打工。

교체단어
(1) 去补习班学习 qù bǔxíbān xuéxí   (2) 去滑雪 qù huá xuě
(3) 学开车 xué kāi chē

보충단어
补习班 bǔxíbān 명 학원
滑雪 huá xuě 동 스키 타다

회화2 3
A: 你去过上海吗?
B: 没去过。

교체단어
(1) 吃 chī / 烤鸭 kǎoyā   (2) 喝 hē / 中国茶 Zhōngguó chá
(3) 看 kàn / 京剧 jīngjù

보충단어
京剧 jīngjù 명 경극

회화2 4
我觉得夜景很美。

교체단어
(1) 中国菜 Zhōngguó cài / 好吃 hǎochī
(2) 学费 xuéfèi / 贵 guì
(3) 汉语 Hànyǔ / 有意思 yǒuyìsi

보충단어
学费 xuéfèi 명 학비

11 你去过上海吗? 상해에 가본 적 있나요?

문법 알아보기

1 我要打工。

조동사 '要'는 동사 앞에서 '~할 것이다, ~하려고 하다'의 의미를 나타내며, 부정은 '不想'을 사용한다.

긍정문	부정문
주어 + 要 + 동사 + 목적어	주어 + 不想 + 동사 + 목적어
这个假期我要打工。	这个假期我不想打工。

예) 我要去上课。　Wǒ yào qù shàng kè.
　　我要去出差。　Wǒ yào qù chū chāi.
　　我不想去上班。　Wǒ bù xiǎng qù shàng bān.

확인학습

1 다음 문장을 중국어로 옮기세요.

(1) 수업 후 그는 아르바이트를 하러 갈 것이다. ➡ _____

(2) 이번 방학에 남동생은 수영을 배우려고 한다. ➡ _____

(3) 나는 학원에 가고 싶지 않다. ➡ _____

2 我打算去中国旅行。

동사 '打算'은 '~할 계획이다, ~을 계획하다'의 의미를 나타내며, 뒤에 동사(구)를 목적어로 취할 수 있다. 부정은 '不打算'을 사용한다.

예) 我打算去中国旅行。　Wǒ dǎsuan qù Zhōngguó lǚxíng.
　　我打算去北京留学。　Wǒ dǎsuan qù Běijīng liú xué.
　　我不打算去补习班学汉语。　Wǒ bù dǎsuan qù bǔxíbān xué Hànyǔ.

문법 알아보기

확인학습

2 다음 단어를 알맞은 순서로 배열하세요.

(1) 我 / 晚上 / 看 / 打算 / 去 / 电影 ➡ _____

(2) 他 / 图书馆 / 去 / 打算 / 学习 / 星期天 ➡ _____

(3) 这个假期 / 打算 / 日本 / 去 / 他 / 旅行 ➡ _____

보충단어

留学 liú xué 명동 유학(하다)

3 我去过上海。

'过'는 동사 뒤에 쓰여 과거의 경험을 나타내며, 부정은 동사 앞에 '没(有)'를 사용한다.

긍정문	부정문
주어 + 동사 + 过 + 목적어	주어 + 没(有) + 동사 + 过 + 목적어
我去过上海。	我没(有)去过上海。

예) 我学过汉语。 Wǒ xuéguo Hànyǔ.
　　我没(有)学过日语。 Wǒ méi(yǒu) xuéguo Rìyǔ.

확인학습

3 다음 문장을 중국어로 옮기세요.

(1) 너는 중국요리를 먹어 본 적이 있니? ➡ _____

(2) 그는 북경에 가본 적이 있다. ➡ _____

(3) 나는 수영을 배워본 적이 없다. ➡ _____

문법 알아보기

4 我想去<mark>看看</mark>。

동사는 1음절일 때에는 AA형식으로 2음절일 때에는 ABAB형식으로 중첩하며 '잠시 ~하다, (시험 삼아) 좀 ~해보다'라는 의미를 나타낸다.

예) 你去<mark>看看</mark>。　Nǐ qù kànkan.
　　我想<mark>听听</mark>音乐。　Wǒ xiǎng tīngting yīnyuè.
　　我想<mark>休息休息</mark>。　Wǒ xiǎng xiūxi xiūxi.

확인학습

4 동사중첩을 사용하여 다음 문장을 중국어로 옮기세요.

(1) 당신의 학교를 좀 소개해보세요.　➡ _____

(2) 나는 집에서 책을 좀 볼 생각이다.　➡ _____

(3) 내일 시험이 있어서 좀 준비해야 해요.　➡ _____

🔍 보충단어

休息 xiūxi 명통 휴식(하다)　｜　介绍 jièshào 통 소개하다

174

→ **확인문제**

MP3 2-39

1 녹음 내용에 해당하는 그림을 고르세요.

(1) _____ (2) _____ (3) _____

A.    B.    C.

보충단어

滑冰 huábīng 명동 스케이트 (타다)

2 녹음 내용과 일치하면 ○, 일치하지 않으면 × 표시하세요.

(1) 这个假期我打算去旅行。 (　　)

(2) 我去过上海。 (　　)

(3) 我觉得北京烤鸭不好吃。 (　　)

3 녹음 내용과 일치하는 것에 ✓를 표시하세요.

(1) A. 去滑雪　　　B. 学开车　　　C. 去旅行

(2) A. 七月十号去　　B. 七月四号去　　C. 七月七号去

(3) A. 银行　　　B. 咖啡馆　　　C. 图书馆

➡ 확인문제

4 주어진 단어로 빈칸을 채우세요.

> 打算　要　过　觉得　可以

(1) 我_____韩国菜很好吃。　　(2) 我以前学_____日语。

(3) 他明年_____去中国留学。　(4) 我明天_____去银行换钱。

보충단어
以前 yǐqián 명 예전, 이전 ｜ 换钱 huàn qián 동 환전하다

5 아래 대화를 참고하여 주어진 단어를 사용해 대화를 나누세요.

A: 你去过上海吗?	A: 你觉得上海怎么样?
B: 我去过。	B: 我觉得上海夜景很美。

(1) 吃 / 中国菜 / 好吃　　(2) 学 / 游泳 / 有意思　　(3) 喝 / 中国茶 / 好喝

6 보기를 참고하여 친구에게 방학계획을 질문하세요.

이름	방학계획
张秀妍	去补习班学英语

보기
A: 这个假期你打算做什么?
B: 我打算去补习班学英语。

보충단어

 사진을 보고 단어의 뜻을 유추하세요.

小组学习 xiǎozǔ xuéxí

志愿活动 zhìyuàn huódòng

社团活动 shètuán huódòng

去欧洲旅行 qù Ōuzhōu lǚxíng

自助旅游 zìzhù lǚyóu

团体旅游 tuántǐ lǚyóu

 사진 속의 한자를 보고 무슨 뜻인지 유추하세요.

禁止吸烟
jìnzhǐ xīyān

寻物启事
xúnwù qǐshì

11 你去过上海吗? 상해에 가본 적 있나요?

중국 여행

万里长城 Wàn Lǐ Chángchéng
(만리장성)

杭州西湖 Hángzhōu Xīhú
(항주 서호)

兵马俑 Bīngmǎyǒng
(병마용)

上海东方明珠
Shànghǎi Dōngfāng míngzhū
(상해 동방명주)

　중국은 오랜 역사와 다양한 지형을 자랑하는 나라인 만큼 가볼만한 유적지와 명소가 매우 많다. 북경의 만리장성(万里长城 Wàn Lǐ Chángchéng)은 달에서 유일하게 보이는 지구상의 건축물로 잘 알려져 있으며, 실물 크기의 말과 사람의 모습을 정교하게 흙으로 빚어놓은 서안 진시황릉의 병마용(兵马俑 Bīngmǎyǒng)은 하나하나 모두 다른 표정과 모습에 감탄하지 않을 수 없다. 항주의 서호(杭州西湖 Hángzhōu Xīhú)는 경치가 아름다워 계림(桂林 Guìlín)과 함께 중국인들이 '죽기 전에 꼭 가고 싶어 하는 곳'으로 알려져 있다. 초현대 도시의 상징인 상해의 동방명주(东方明珠 Dōngfāng míngzhū)는 40초 만에 전망대에 도착하는 고속 엘리베이터로 기네스북에 올라 있기도 하다.

12 复习

07~11课

복습 07~11과

단어 및 문형

시간

- 下午 xiàwǔ 오후
- 晚上 wǎnshang 저녁, 밤
- 昨天 zuótiān 어제
- 今天 jīntiān 오늘
- 明天 míngtiān 내일
- 每天 měitiān 매일
- 周末 zhōumò 주말
- 现在 xiànzài 현재
- 以后 yǐhòu 앞으로, ~한 후에
- 假期 jiàqī 방학 기간

음식

- 菜 cài 요리
- 烤肉 kǎoròu 불고기
- 北京烤鸭 Běijīng kǎoyā 북경식 오리구이
- 拌饭 bànfàn 비빔밥
- 炸酱面 zhájiàngmiàn 자장면
- 甜 tián 달다
- 辣 là 맵다
- 咸 xián 짜다
- 苦 kǔ 쓰다
- 油腻 yóunì 느끼하다

취미

- 唱歌 chàng gē 노래를 부르다
- 游泳 yóu yǒng 수영(하다)
- 逛街 guàng jiē 거리를 구경하다
- 运动 yùndòng 운동(하다)
- 玩儿游戏 wánr yóuxì 게임을 하다
- 跳舞 tiào wǔ 춤을 추다
- 旅行 lǚxíng 여행(하다)
- 聊天儿 liáo tiānr 잡담하다
- 滑雪 huá xuě 스키 타다
- 打网球 dǎ wǎngqiú 테니스를 치다

단어 및 문형

- [ ] 弹钢琴 tán gāngqín 피아노를 치다
- [ ] 买东西 mǎi dōngxi 쇼핑하다
- [ ] 看演唱会 kàn yǎnchànghuì 콘서트를 보다

일과 및 학습활동

- [ ] 起床 qǐ chuáng 기상하다, 일어나다
- [ ] 睡觉 shuì jiào 잠을 자다
- [ ] 上课 shàng kè 수업하다
- [ ] 下课 xià kè 수업을 마치다
- [ ] 考试 kǎoshì 시험(을 보다)
- [ ] 期末考试 qīmò kǎoshì 기말시험
- [ ] 期中考试 qīzhōng kǎoshì 중간시험
- [ ] 做作业 zuò zuòyè 숙제를 하다
- [ ] 写报告 xiě bàogào 보고서를 쓰다
- [ ] 放假 fàng jià 방학하다

- [ ] 打工 dǎ gōng 아르바이트를 하다
- [ ] 回家 huí jiā 집에 가다
- [ ] 吃早饭 chī zǎofàn 아침을 먹다
- [ ] 吃午饭 chī wǔfàn 점심을 먹다
- [ ] 吃晚饭 chī wǎnfàn 저녁을 먹다
- [ ] 上网 shàng wǎng 인터넷 하다
- [ ] 查资料 chá zīliào 자료를 조사하다
- [ ] 毕业 bì yè 졸업하다
- [ ] 开学 kāi xué 개강하다

기본표현

가족

A：你家有几口人？　　　B：我家有四口人。

나이

A：你今年多大？　　　　B：我二十三岁。
A：你孩子几岁？　　　　B：他七岁。
A：你爸爸多大年纪？　　B：他五十四岁。

직업

A：你在哪儿工作？　　　B：我在公司工作。
A：你做什么工作？　　　B：我是医生。

시간

A：现在几点？　　　　　B：三点一刻。
A：你几点上课？　　　　B：我三点半上课。

음식 맛

A：味道怎么样？　　　　B：很好吃。

소망

A：你想吃什么？　　　　B：我想吃拌饭。

기본표현

취미
A：你喜欢做什么？　　　　　　B：我喜欢唱歌。

능력
A：你会游泳吗？　　　　　　　B：我不会游泳。

제안
A：周末去看电影，怎么样？　　B：不行，我没有时间。

계획
A：假期你打算做什么？　　　　B：我打算去中国旅行。

경험
A：你去过上海吗？　　　　　　B：我还(有)没去过。

의견
A：上海怎么样？　　　　　　　B：我觉得夜景很美。

문법

1 在

뜻	구조	예문
~에 있다	在 + 장소	我家在新村。Wǒ jiā zài Xīncūn.
~에서 ~하다	在 + 장소 + 동사	他在公司工作。Tā zài gōngsī gōngzuò.
~하고 있다	在 + 동사	我在做作业呢。Wǒ zài zuò zuòyè ne.

2 有 '있다, 가지고 있다'의 의미이며 부정형은 '没有'이다.

예) 你有女朋友吗? Nǐ yǒu nǚpéngyou ma?
明天我没有课。 Míngtiān wǒ méiyǒu kè.

3 吧

뜻	기능	예문
~이지요?	추측을 나타냄	你是中国人吧? Nǐ shì Zhōngguórén ba?
~하자, ~합시다	제안을 나타냄	我们一起去吃饭吧。Wǒmen yìqǐ qù chī fàn ba.

4 有点儿 '有点儿 + 형용사'는 부정적인 의미의 '조금, 약간'이다.

예) 韩国菜有点儿辣。 Hánguó cài yǒudiǎnr là.
今天有点儿冷。 Jīntiān yǒudiǎnr lěng.

➡ 문법

5 개사의 용법

종류	뜻	예문
给	~에게	我给你打电话。 Wǒ gěi nǐ dǎ diànhuà.
跟	~와 함께	我跟朋友一起看电影. Wǒ gēn péngyou yìqǐ kàn diànyǐng.

6 了

- 동작의 발생을 나타낸다. 부정형은 동사 앞에 '没(有)'를 쓰고 '了'는 쓰지 않는다.

예 A: 昨天你做什么了? Zuótiān nǐ zuò shénme le?
  B: 我见朋友了。 Wǒ jiàn péngyou le.

  A: 你吃饭了吗? Nǐ chī fàn le ma?
  B: 还没吃呢。 Hái méi chī ne.

- '快……了'라는 표현으로 가까운 미래를 나타낸다.

예 快开学了。 Kuài kāi xué le.
  快期末考试了。 Kuài qīmò kǎoshì le.

7 过 '~한 적이 있다'의 뜻으로 경험을 나타내며, 부정형은 '没(有) + 동사 + 过'이다.

예 A: 你去过中国吗? Nǐ qùguo Zhōngguó ma?
  B: 我没去过中国。 Wǒ méi qùguo Zhōngguó.

문법

8 得(de)

- 주어 + 동사 + 得 + 정도표현

  예) 我考得很好。 Wǒ kǎo de hěn hǎo.
  我考得不好。 Wǒ kǎo de bù hǎo.

- 주어 + (동사) + 목적어 + 동사 + 得 + 정도표현

  예) 他(说)汉语说得很好。 Tā (shuō) Hànyǔ shuō de hěn hǎo.
  她(打)网球打得不好。 Tā (dǎ) wǎngqiú dǎ de bù hǎo.

9 동사중첩 '잠시 ~하다, 좀 ~해보다'의 의미를 나타낸다.

  예) 你等等我。 Nǐ děngdeng wǒ.
  我们去看看。 Wǒmen qù kànkan.

10 조동사의 용법

종류	뜻	부정형	예문
会	~할 줄 안다 (능력)	不会	我会游泳。 Wǒ huì yóu yǒng. 我不会开车。 Wǒ bú huì kāi chē.
想	~하고 싶다 (희망)	不想	我想吃中国菜。 Wǒ xiǎng chī Zhōngguó cài. 我不想看书。 Wǒ bù xiǎng kàn shū.
得(děi)	~해야 한다 (의무)	不用	明天得交报告。 Míngtiān děi jiāo bàogào. 你不用来学校。 Nǐ búyòng lái xuéxiào.
要	~하려고 하다 (의지)	不想	我要去旅行。 Wǒ yào qù lǚxíng. 我不想去出差。 Wǒ bù xiǎng qù chū chāi.

부록

- 모범답안 및 녹음 스크립트
- 본문 해석

모범답안 및 녹음 스크립트

제1과
你好! 안녕하세요!

발음코너

p.24 _ (성모1 확인학습)

2 (1) g   (2) h   (3) b, b   (4) k, l

| 녹음 |
(1) chàng gē   (2) hē
(3) bàba   (4) kělè

p.25 _ (운모1 확인학습)

2 (1) i, ua   (2) uo, uo   (3) e, ao   (4) ou, ai

| 녹음 |
(1) líhuā   (2) huǒguō
(3) rènao   (4) kǒudài

p.26 _ (성조 변화1 확인학습)

3

| 녹음 |
(1) hǎochī   (2) hǎowánr
(3) hǎokàn   (4) hǎo de

발음 연습

p.29

1 nǐ   hǎo   zài jiàn   xièxie
   kèqi   guānxi

| 녹음 |
nǐ   hǎo   zài jiàn   xièxie
kèqi   guānxi

2 hǎo, Bú, Duìbuqǐ, Méi

| 녹음 |
A: Nǐ hǎo!   B: Nǐ hǎo!
A: Xièxie!   B: Bú kèqi!
A: Duìbuqǐ!   B: Méi guānxi.

문법 알아보기

p.33 _ (확인학습)

1 (1) 他   (2) 她们   (3) 我们   (4) 它

p.33 _ (확인학습)

2 (1) 早上好!   (2) 老师好!

확인문제

p.34

1 (1) A. pà (✓)   B. fà ( )
   (2) A. dì ( )   B. tì (✓)
   (3) A. nǔ (✓)   B. lǔ ( )
   (4) A. kè ( )   B. hè (✓)
   (5) A. mǎi (✓)   B. měi ( )
   (6) A. gào ( )   B. gòu (✓)
   (7) A. huā (✓)   B. huō ( )
   (8) A. liǎ ( )   B. liě (✓)

| 녹음 |
(1) pà   (2) tì   (3) nǔ   (4) hè
(5) mǎi   (6) gòu   (7) huā   (8) liě

2 (1) bā   (2) pò   (3) mǐ   (4) fú
   (5) děi   (6) tāo   (7) niè   (8) luó
   (9) gāi   (10) kòu

| 녹음 |
(1) bā   (2) pò   (3) mǐ   (4) fú
(5) děi   (6) tāo   (7) niè   (8) luó
(9) gāi   (10) kòu

3　(1) C　　(2) B　　(3) A

| 녹음 |
(1) A: 你好!　　　B: 你好!
(2) A: 对不起!　　B: 没关系。
(3) A: 谢谢!　　　B: 不客气!

제2과
你忙吗? 바쁘세요?

발음코너

p.38 _ (성모2 확인학습)

2　(1) s　　(2) r　　(3) q, ch　　(4) j, z

| 녹음 |
(1) sì　　(2) rè　　(3) qìchē　　(4) júzi

p.39 _ (운모2 확인학습)

2　(1) iao, i　(2) ue, iao　(3) yao, i　(4) you, iao

| 녹음 |
(1) jiàoshì　　　(2) xuéxiào
(3) yàoshi　　　(4) yóutiáo

p.40 _ (성조 변화2 확인학습)

1　(1) yìbān　　　(2) yíyàng
　(3) yìzhí　　　 (4) yìqǐ

| 녹음 |
(1) yìbān　　　(2) yíyàng
(3) yìzhí　　　 (4) yìqǐ

2　(1) bù hǎo　　(2) bú shì
　(3) bú kèqi　　(4) bù chī

| 녹음 |
(1) bù hǎo　　(2) bú shì
(3) bú kèqi　　(4) bù chī

발음 연습

p.43

1　máng　hěn　wǒ　yě
　qù　nǎr

| 녹음 |
máng　hěn　wǒ　yě
qù　nǎr

2　Nǐ, kāfēiguǎn, ma, bú

| 녹음 |
A: Nǐ qù nǎr?
B: Wǒ qù kāfēiguǎn. Nǐ qù ma?
A: Wǒ bú qù.

회화 1, 2

p.45
也很忙

p.46
不去

문법 알아보기

p.48 _ (확인학습)

1　(1) 我很累。　　(2) 我不渴。

p.49 _ (확인학습)

2　(1) 她去食堂。　(2) 他不去学校。

p.49 _ (확인학습)

3　(1) 他忙吗?　　(2) 你去学校吗?

p.50 _ (확인학습)

4　(1) 他上哪儿?　(2) 你去哪儿?

모범답안 및 녹음 스크립트

확인문제

p.51~52

1 성모

(1) A. jì ( )　　B. qì (✓)
(2) A. shū (✓)　B. xū ( )
(3) A. jiá ( )　　B. zá (✓)
(4) A. cā ( )　　B. chā (✓)
(5) A. sāi (✓)　B. shāi ( )
(6) A. luò ( )　　B. ruò (✓)

| 녹음 |
(1) qì　(2) shū　(3) zá　(4) chā
(5) sāi　(6) ruò

운모

(1) A. māo ( )　　B. miāo (✓)
(2) A. guǎi (✓)　B. guǐ ( )
(3) A. liè ( )　　B. lüè (✓)
(4) A. xiū (✓)　B. xiāo ( )
(5) A. qiáo (✓)　B. qiú ( )
(6) A. yā ( )　　B. yāo (✓)

| 녹음 |
(1) miāo　(2) guǎi　(3) lüè　(4) xiū
(5) qiáo　(6) yāo

2 (1) dì yī　(2) yìlián　(3) yíbàn　(4) yìqǐ
(5) yíqiè　(6) bù'ān　(7) bùrú　(8) bù hǎo
(9) bú yào　(10) bù lái

| 녹음 |
(1) dì yī　(2) yìlián　(3) yíbàn　(4) yìqǐ
(5) yíqiè　(6) bù'ān　(7) bùrú　(8) bù hǎo
(9) bú yào　(10) bù lái

3 (1) C　(2) A　(3) B

| 녹음 |
(1) A: 你累吗?　B: 我不累。
(2) A: 你去哪儿?　B: 我去咖啡馆。
(3) A: 你忙吗?　B: 我很忙。

제 3 과
你叫什么名字? 이름이 뭐예요?

발음코너

p.56 _ (운모3 확인학습)

2 (1) ang, e　(2) er, i
(3) ang, ian, ian　(4) ei, eng, ian

| 녹음 |
(1) shàng kè　(2) érzi
(3) fāngbiànmiàn　(4) wèishēngjiān

p.57 _ (운모4 확인학습)

2 (1) i, ing, e　(2) yun, ong
(3) yiyuan　(4) iong, i
(5) yan, ing　(6) yinyue

| 녹음 |
(1) zìxíngchē　(2) yùndòng
(3) yīyuàn　(4) xiōngdì
(5) yǎnjing　(6) yīnyuè

p.58 _ (발음 종합연습)

1 (1) A. guā (✓)　B. kuā ( )
(2) A. shàng (✓)　B. sàn ( )
(3) A. jiǎo ( )　　B. zhǎo (✓)
(4) A. luàn (✓)　B. nuǎn ( )

| 녹음 |
(1) guā　(2) shàng　(3) zhǎo　(4) luàn

2 (1) māo　(2) wán　(3) kàn
(4) zuò　(5) lǎoshī　(6) lǎohǔ
(7) nǎinai　(8) Měiguó

| 녹음 |
(1) māo　(2) wán　(3) kàn
(4) zuò　(5) lǎoshī　(6) lǎohǔ
(7) nǎinai　(8) Měiguó

3 (1) qìchē　(2) kāfēi　(3) gēge
　(4) lǜsè　(5) xuéxiào　(6) zhuōzi
　(7) xià kè　(8) cāntīng

녹음
(1) qìchē　(2) kāfēi　(3) gēge (4) lǜsè　(5) xuéxiào　(6) zhuōzi (7) xià kè　(8) cāntīng

발음 연습

p.61

1　shénme　míngzi　Hánguó　shì
　　jiā　　shǒujī

녹음
shénme　míngzi　Hánguó　shì jiā　　shǒujī

2　jiào, xìng, duōshao, yāo, èr, wǔ

녹음
A: Nǐ jiào shénme míngzi? B: Wǒ xìng Zhāng, jiào Xiùyán. A: Nǐ de shǒujī hàomǎ shì duōshao? B: Líng yāo líng - sān èr qī bā - liù jiǔ wǔ sì.

회화 1, 2

p.63
　不是，是

p.64
　在新村

문법 알아보기

p.66 _ (확인학습)

1 (1) 你叫什么名字?
　(2) 你看什么电影?

p.67 _ (확인학습)

2 (1) 她不是老师。
　(2) 他不是大学生。

p.67 _ (확인학습)

3 (1) 她在哪儿?
　(2) 他家在哪儿?

p.68 _ (확인학습)

4 (1) 她的手机号码是多少?
　(2) 你的学号是多少?

확인문제

p.69~70

1 (1) A. shǎn ( )　　B. shǎng (✓)
　(2) A. sēn (✓)　　B. sēng ( )
　(3) A. réng ( )　　B. róng (✓)
　(4) A. è ( )　　B. èr (✓)
　(5) A. zhèng (✓)　B. zhèn ( )
　(6) A. chén ( )　　B. chán (✓)
　(7) A. jiàn ( )　　B. juàn (✓)
　(8) A. mín (✓)　　B. míng ( )
　(9) A. qiáng ( )　　B. qióng (✓)
　(10) A. chuān (✓)　B. chuāng ( )
　(11) A. wēn ( )　　B. wèng (✓)
　(12) A. xùn (✓)　　B. xìn ( )

녹음
(1) shǎng　(2) sēn　(3) róng　(4) èr (5) zhèng　(6) chán　(7) juàn　(8) mín (9) qióng　(10) chuān　(11) wèng　(12) xùn

2 (1) miànbāo　　(2) diànyǐng
　(3) chuānghu　　(4) bǐjìběn
　(5) bàngōngshì　(6) xìnyòngkǎ
　(7) guì　　　　 (8) xuéhào
　(9) Yīngguó　　(10) Běijīng

녹음
(1) miànbāo　　(2) diànyǐng

모범답안 및 녹음 스크립트

```
(3) chuānghu      (4) bǐjìběn
(5) bàngōngshì    (6) xìnyòngkǎ
(7) guì           (8) xuéhào
(9) Yīngguó       (10) Běijīng
```

3 (1) C   (2) A   (3) B

녹음
(1) A: 他叫什么名字?   B: 他叫黄小明。   (2) A: 他是中国人吗?   B: 是，他是中国人。   (3) A: 你的手机号码是多少?   B: 010-3276-5948。

제4과
你学什么? 당신은 무엇을 배우세요?

발음 연습

p.75

1 dàxuéshēng   jǐ
   niánjí   Hànyǔ   hěn   nán

녹음
dàxuéshēng   jǐ   niánjí   Hànyǔ   hěn   nán

2 ba, xué, bu, yǒu

녹음
A: Nǐ shì dàxuéshēng ba?   B: Shì, wǒ xué Hànyǔ.   A: Hànyǔ nán bu nán?   B: Bù nán, Hànyǔ hěn yǒuyìsi.

회화 1, 2

p.77

一年级

p.78

汉语

문법 알아보기

p.80 _ (확인학습)

1 (1) 你是中国人吧?   (2) 你家在新村吧?
   (3) 你上大学二年级吧? /
       你是大学二年级的学生吧?

p.81 _ (확인학습)

2 (1) 你孩子几岁?
   (2) 你上大学几年级?
   (3) 他上高中几年级?

p.81 _ (확인학습)

3 (1) 你学什么?   (2) 你喝什么(茶)?
   (3) 这是什么?

p.82 _ (확인학습)

4 (1) 你喝不喝咖啡?   (2) 你累不累?
   (3) 你是不是大学生?

확인문제

p.83~84

1 (1) A   (2) C   (3) B

녹음
(1) A: 她几岁?   B: 她三岁。   (2) A: 你吃什么?   B: 我吃汉堡。   (3) A: 汉语难吗?   B: 汉语不难，汉语很有意思。

2 (1) ✕   (2) ✕   (3) ✕

> |녹음|
> (1) 我上大学一年级。
> (2) 我学英语、日语。
> (3) 汉语很难，不过很有意思。

3 (1) B   (2) C   (3) C

> |녹음|
> (1) A: 你是高中生吧？
>   B: 不，我是大学生。
> (2) A: 你上几年级？
>   B: 我上四年级。
> (3) A: 你去不去咖啡馆？
>   B: 不去，我去图书馆。

4 (1) 是   (2) 学   (3) 去   (4) 有

5 (1) B: 我学日语。 / A: 日语难不难？
   (2) B: 我学法律。 / A: 法律难不难？
   (3) B: 我学韩语。 / A: 韩语难不难？

제 5 과
今天星期几？ 오늘은 무슨 요일이에요?

|발음 연습|

p.89

1 míngtiān   zhēn de   shēngrì   kuàilè
   xīngqī   wǎnshang

> |녹음|
> míngtiān   zhēn de   shēngrì   kuàilè
> xīngqī   wǎnshang

2 wǒ de, Zhù, xīngqī jǐ, Wǎnshang, péngyou

> |녹음|
> A: Míngtiān shí hào, shì wǒ de shēngrì.
> B: Zhù nǐ shēngrì kuàilè!
> A: Jīntiān xīngqī jǐ?
> B: Wǎnshang wǒ qù Xīncūn jiàn péngyou.

|회화 1, 2|

p.91

三月十四号

p.92

去新村见朋友

|문법 알아보기|

p.94 (확인학습)

1 (1) 二零一六年八月二十三号星期五
   (2) 一九九三年一月十一号星期四

2 (1) 星期三   (2) 十八号

p.95 _ (확인학습)

3 (1) 明天四月九号。
   (2) 后天星期四。
   (3) 星期六是十二号。
   (4) 今天不是星期四，是星期二。

p.96 _ (확인학습)

4 (1) 明天晚上你做什么？ /
       你明天晚上做什么？
   (2) 星期天下午我去看电影。 /
       我星期天下午去看电影。
   (3) 星期五下午我们考试。 /
       我们星期五下午考试。

p.96 _ (확인학습)

5 (1) 我去新村看电影。
   (2) 我去咖啡馆见朋友。
   (3) 他去商店买东西。

모범답안 및 녹음 스크립트

확인문제

p.97~98

1 (1) C (2) A (3) B

녹음
(1) A: 她的生日是几月几号? B: 三月十四号。 (2) A: 祝你生日快乐! B: 谢谢! (3) A: 明天晚上你做什么? B: 明天晚上我去见朋友。

2 (1) ○ (2) ✕ (3) ✕

녹음
(1) 后天十九号。 (2) 我的生日是四月十号。 (3) 星期六我去咖啡馆学习。

3 (1) A (2) C (3) A

녹음
(1) A: 今天晚上你做什么? B: 我去电影院看电影。 (2) A: 四月五号是星期几? B: 是星期一。 (3) A: 星期天你做什么? B: 我见朋友。

4 (1) 几, 几 (2) 快乐 (3) 什么, 去

6

기념일	한국	중국
근로자의 날(劳动节 Láodòng Jié)	5월 1일	5월 1일
어린이 날(儿童节 Értóng Jié)	5월 5일	6월 1일
스승의 날(教师节 Jiàoshī Jié)	5월 15일	9월 10일

제 7 과
他在公司工作。 그는 회사에서 일해요.

발음 연습

p.111

1 zhíyuán chū chāi bàoshè gōngzuò
  shǒujī shēntǐ

녹음
zhíyuán chū chāi bàoshè gōngzuò shǒujī shēntǐ

2 yǒu, Sì, hé, zuò, zài, shì

녹음
A: Nǐ jiā yǒu jǐ kǒu rén? B: Sì kǒu rén, bàba、māma、gēge hé wǒ. A: Nǐ bàba zuò shénme gōngzuò? B: Tā zài gōngsī gōngzuò, shì gōngsī zhíyuán.

회화 1, 2

p.113

在公司, 公司职员

p.114

二十三岁

문법 알아보기

p.116 _ (확인학습)

1 (1) 我在教室上课。
  (2) 她在商店买东西。
  (3) 他们在图书馆看书。

p.117 _ (확인학습)

2 (1) 首尔冬天很冷。/ 冬天首尔很冷。
  (2) 我男朋友个子很高。
  (3) 我爷爷身体很好。

p.117 _ (확인학습)

3 (1) 你哥哥有女朋友吗? /
　　 你哥哥有没有女朋友?
　 (2) 明天你有汉语课吗? /
　　 明天你有没有汉语课?
　 (3) 他有手机吗? / 他有没有手机?

p.118 _ (확인학습)

4 (1) 你妹妹(今年)几岁?
　 (2) 你奶奶(今年)多大年纪?
　 (3) 你哥哥(今年)多大?
　 (4) 他属什么?

확인문제

p.119~120

1 (1) C　　(2) A　　(3) B

| 녹음 |
(1) A: 你妈妈做什么工作?
　　 B: 我妈妈在银行工作。
(2) A: 你家有几口人?
　　 B: 我家有五口人。
(3) A: 明天你有没有汉语课?
　　 B: 明天我没有汉语课。

2 (1) ×　　(2) ×　　(3) ○

| 녹음 |
(1) 我家有爸爸、妈妈、弟弟、妹妹和我。
(2) 我爸爸是医生，常常去中国出差。
(3) 他女朋友是大学生，很可爱。

3 (1) B　　(2) B　　(3) C

| 녹음 |
(1) A: 你男朋友多大?
　　 B: 他今年二十四岁。

(2) A: 你爸爸做什么工作?
　　 B: 我爸爸在报社工作，他是记者。
(3) A: 他在哪儿学习?
　　 B: 他在咖啡馆学习。

4 (1) 多　　(2) 谁　　(3) 哪儿　　(4) 几

제8과
你想吃什么? 무엇을 먹고 싶으세요?

발음 연습

p.125

1 qǐng kè　　wèidao　　shuì jiào　　qǐ chuáng
　 kǎoròu　　zhájiàngmiàn

| 녹음 |
qǐng kè　　wèidao　　shuì jiào　　qǐ chuáng
kǎoròu　　zhájiàngmiàn

2 jǐ diǎn, bàn, yǐhòu, gěi

| 녹음 |
A: Nǐ jǐ diǎn shàng kè?
B: Sān diǎn bàn.
A: Xià kè yǐhòu wǒmen yìqǐ chī wǎnfàn ba.
B: Hǎo, wǒ gěi nǐ dǎ diànhuà.

회화 1, 2

p.127
一起吃晚饭

p.128
有点儿辣，很好吃

모범답안 및 녹음 스크립트

문법 알아보기

p.130 _ (확인학습)

1. (1) 两点四十五分 / 两点三刻 / 差一刻三点
   (2) 四点五十五分 / 差五分五点
   (3) 七点(零)五分

p.131 _ (확인학습)

2. (1) 我们一起去咖啡馆喝咖啡吧。
   (2) 我们一起去北京学汉语吧。
   (3) 我们一起去中国餐厅吃炸酱面吧。

p.132 _ (확인학습)

3. (1) 我想当
   (2) 我想吃
   (3) 我想听

p.132 _ (확인학습)

4. (1) 这作业有点儿难。
   (2) 今天我有点儿累。 / 我今天有点儿累。
   (3) 肚子有点儿俄，一起去吃饭吧。

확인문제

p.133~134

1. (1) B (2) A (3) C

| 녹음 |
| (1) A: 我们明天什么时候见?
    B: 晚上我给你打电话。
(2) A: 这个菜的味道怎么样?
    B: 有点儿辣，不过很好吃。
(3) A: 下课以后我们一起吃晚饭吧。
    B: 好，下课以后见! |

2. (1) × (2) ○ (3) ×

| 녹음 |
| (1) 现在十二点十分。
(2) 我每天七点半起床。
(3) 我下午三点三刻下课。 |

3. (1) B (2) A (3) A

| 녹음 |
| (1) A: 你每天几点睡觉?
    B: 我晚上十一点半睡觉。
(2) A: 你想吃什么?
    B: 我想吃烤肉。
(3) A: 味道怎么样?
    B: 有点儿甜。 |

4. (1) 给 (2) 以后 (3) 想 (4) 吧

제 9 과
你喜欢做什么? 당신은 무엇하는 것을 좋아하세요?

발음 연습

p.139

1. wèntí   shìr   tiào wǔ   wǎngqiú
   guàng jiē   yǎnchànghuì

| 녹음 |
| wèntí   shìr   tiào wǔ   wǎngqiú
guàng jiē   yǎnchànghuì |

2. xǐhuan, chàng gē, huì, jiāo

| 녹음 |
| A: Nǐ xǐhuan zuò shénme?
B: Wǒ xǐhuan chàng gē, nǐ ne?
A: Wǒ xǐhuan yóu yǒng. Nǐ huì yóu yǒng ma?
B: Bú huì, yǒu shíjiān nǐ jiāo wǒ ba. |

회화 1, 2

p.141

游泳，唱歌

p.142
  一起去东大门买衣服

문법 알아보기

p.144 _ (확인학습)

1 (1) 我(不)会说汉语。
   (2) 我(不)会游泳。
   (3) 我(不)会开车。

p.145 _ (확인학습)

2 (1) 我喜欢做运动。
   (2) 中国人喜欢喝茶。
   (3) 我喜欢一个人旅行。

p.145 _ (확인학습)

3 (1) 你跟谁一起看电影?
   (2) 我跟他一起学汉语。
   (3) 你跟他一起去哪儿?

p.146 _ (확인학습)

4 (1) 上个星期天我看电影了。／ 我上个星期天看电影了。
   (2) 昨天他没来上课。／ 他昨天没来上课。
   (3) 今天没吃早饭。

확인문제

p.147~148

1 (1) C   (2) A   (3) B

| 녹음 |
(1) A: 你喜欢做什么?
    B: 我喜欢旅行。
(2) A: 我不会弹钢琴，有时间你教我。
    B: 好，没问题!
(3) A: 你跟我一起去东大门买衣服吧。
    B: 好，我跟你一起去。

2 (1) ×   (2) ○   (3) ○

| 녹음 |
(1) 我会游泳，有时间我教你吧。
(2) 昨天我和同学一起去看电影了。
(3) 这个星期天我跟男朋友一起去旅行。

3 (1) B   (2) B   (3) C

| 녹음 |
(1) A: 你喜欢什么?
    B: 我喜欢跳舞。
(2) A: 上个星期天你做什么了?
    B: 我去健身房运动了。
(3) A: 你跟谁一起吃饭?
    B: 我跟家人一起吃饭。

4 (1) 跟，一起   (2) 喜欢
   (3) 会   (4) 了

제10과
你在做什么? 무엇을 하고 있나요?

발음 연습

p.153

1 shàng wǎng   yònggōng
   kǎoshì   dǎ gōng   jié hūn   bì yè

| 녹음 |
shàng wǎng   yònggōng
kǎoshì   dǎ gōng   jié hūn   bì yè

2 zěnmeyàng, méiyǒu, máng, Kuài, děi

| 녹음 |
A: Zhōumò qù kàn diànyǐng, zěnmeyàng?
B: Bù xíng, wǒ méiyǒu shíjiān.
A: Nǐ máng shénme ne?
B: Kuài qīmò kǎoshì le, wǒ děi xuéxí.

모범답안 및 녹음 스크립트

회화 1, 2

p.155

上网查资料

p.156

考得不好，学习

문법 알아보기

p.158 _ (확인학습)

1 (1) 他们在聊天儿(呢)。
  (2) 我在看电影(呢)。
  (3) 我和朋友在吃午饭(呢)。

p.159 _ (확인학습)

2 (1) 今天家里有事儿。我得早点儿回家。
  (2) 下课后，她得去打工。
  (3) 明天是星期六。我不用上班。

p.159 _ (확인학습)

3 (1) 我快大学毕业了。
  (2) 快开始上课了。
  (3) 快到学校了。

p.160 _ (확인학습)

4 (1) 他走得很快。
  (2) 妹妹日语说得很好。
  (3) 他打网球打得不好。

확인문제

p.161~162

1 (1) B   (2) C   (3) A

| 녹음 |
(1) A: 你在忙什么?
    B: 我在上网查资料。
(2) A: 你在写报告吗?
    B: 对，明天得交报告。
(3) A: 你真用功!
    B: 期中考试考得不好，我得学习。

2 (1) ✕   (2) ✕   (3) ✕

| 녹음 |
(1) 快期末考试了，我在学习汉语。
(2) 他说英语说得很好。
(3) 明天下午我得去打工。

3 (1) B   (2) B   (3) A

| 녹음 |
(1) A: 你在做什么呢?
    B: 我在看电视呢。
(2) A: 你网球打得怎么样?
    B: 打得不好。
(3) A: 你忙什么呢?
    B: 快考试了，我得学习。

4 (1) 在   (2) 得
  (3) 快……了   (4) 真

5 (1) B: 我在上网买衣服呢。/
     A: 我在书店买书呢。
  (2) B: 我在跳舞呢。/ A: 我在学瑜伽呢。
  (3) B: 我在做作业呢。/ A: 我在看书呢。

제11과
你去过上海吗? 상해에 가본 적 있나요?

발음 연습

p.167

1 fàng jià   dǎsuan   jìhuà   juéde
  huá xuě   jīngjù

| 녹음 |
fàng jià   dǎsuan   jìhuà   juéde
huá xuě   jīngjù

2 guo, Hái, juéde, xiǎng

| 녹음 |
> A: Nǐ qùguo Shànghǎi ma?
> B: Hái méi qùguo. Shànghǎi zěnmeyàng?
> A: Wǒ juéde yějīng hěn měi.
> B: Wǒ hěn xiǎng qù kànkan.

회화 1, 2

p.169

去中国旅行, 打工

p.170

去上海, 导游

문법 알아보기

p.172 _ (확인학습)

1　(1) 下课以后他要去打工。
　(2) 这个假期弟弟要学游泳。
　(3) 我不想去补习班。

p.173 _ (확인학습)

2　(1) 晚上我打算去看电影。 /
　　 我晚上打算去看电影。
　(2) 星期天他打算去图书馆学习。 /
　　 他星期天打算去图书馆学习。
　(3) 这个假期他打算去日本旅行。 /
　　 他这个假期打算去日本旅行。

p.173 _ (확인학습)

3　(1) 你吃过中国菜吗?
　(2) 他去过北京。
　(3) 我没(有)学过游泳。

p.174 _ (확인학습)

4　(1) 请你介绍介绍你的学校。
　(2) 我打算在家看看书。
　(3) 明天有考试, 我得准备准备。

확인문제

p.175~176

1　(1) C　　(2) B　　(3) A

| 녹음 |
> (1) A: 你去过日本吗?
> 　 B: 我还没去过日本。
> (2) A: 这个假期你打算做什么?
> 　 B: 这个假期我要学滑冰。
> (3) A: 我打算学做中国菜。
> 　 B: 我也很想学。

2　(1) ✕　　(2) ○　　(3) ✕

| 녹음 |
> (1) 这个假期我打算去打工。
> (2) 我去过上海, 没去过北京。
> (3) 我觉得北京烤鸭很好吃。

3　(1) B　　(2) A　　(3) A

| 녹음 |
> (1) A: 这个假期你有什么计划?
> 　 B: 我打算学开车。
> (2) A: 你什么时候去中国旅行?
> 　 B: 七月十号去。
> (3) A: 你现在要去什么地方?
> 　 B: 我要去银行。

4　(1) 觉得　(2) 过　(3) 打算　(4) 要

본문 해석

1과

회화 1
수연 안녕!
리양 안녕!

재민 잘가.
리양 잘가.

회화 2
쟈쟈 고마워!
재민 천만에!

리양 미안해!
수연 괜찮아.

2과

회화 1
수연 너 바빠?
리양 나는 너무 바빠. 너는?
수연 나도 바빠.

회화 2
재민 너 어디가?
쟈쟈 커피숍에 가. 너 갈래?
재민 아니.

3과

회화 1
쟈쟈 이름이 뭐야?
수연 성은 장이고, 이름은 수연이야.
쟈쟈 너는 중국인이야?
수연 아니, 나는 한국인이야.

회화 2
재민 집이 어디야?
쟈쟈 우리 집은 신촌이야.
재민 휴대전화 번호가 몇 번이야?
쟈쟈 010-3278-6954야.

4과

회화 1
리양 너 대학생이지?
수연 응, 대학생이야.
리양 몇 학년이야?
수연 1학년에 다니고 있어.

회화 2
리양 너 뭐 배워?
수연 나는 중국어를 배워.
리양 중국어 어렵지 않아?
수연 아니, 정말 재미있어.

5과

회화 1
수연　내일 며칠이지?
쟈쟈　10일, 내일은 내 생일이야.
수연　정말? 생일 축하해!
쟈쟈　고마워! 너의 생일은 몇 월 며칠이야?
수연　3월 14일이야.

회화 2
수연　오늘은 무슨 요일이야?
재민　토요일.
수연　너 저녁에 뭐해?
재민　신촌에 가서 친구 만날거야.

7과

회화 1
리양　너의 집 식구는 몇 명이야?
수연　아버지, 어머니, 오빠와 나 네 식구야.
리양　너의 아버지는 무슨 일을 하시니?
수연　아버지는 회사에서 일하셔. 회사원이시지.
리양　아버지께서는 업무가 바쁘셔?
수연　많이 바쁘셔서, 출장을 자주 가셔.

회화 2
쟈쟈　이건 누구야?
재민　우리 누나야.
쟈쟈　와, 정말 예쁘시구나!
　　　누나가 올해 나이가 어떻게 돼?
재민　23살이야.
쟈쟈　누나 남자친구 있어?
재민　아직 없어.

8과

회화 1
재민　지금 몇 시야?
리양　3시 10분.
재민　너 몇 시에 수업 시작해?
리양　3시 반.
재민　수업 끝나고 우리 같이 저녁식사 하자.
리양　좋아. 내가 너한테 전화할게, 조금 이따 봐!

회화 2
리양　오늘은 내가 살게. 너 뭐 먹고 싶어?
재민　나는 마라탕이 먹고 싶어.
리양　너 중국음식 먹는 거 좋아해?
재민　응, 정말 좋아하지.
　　　(잠시 후)
리양　맛이 어때?
재민　조금 맵긴 한데, 맛있어.

9과

회화 1
리양　너는 무엇하는 것을 좋아해?
수연　나는 노래 부르는 거 좋아해. 너는?
리양　나는 수영하는 것을 좋아해.
　　　너 수영할 줄 알아?
수연　못해. 시간 있을 때 나 가르쳐 줘.
리양　좋아, 문제없지.

회화 2
쟈쟈　어제 너 뭐 했어?
수연　친구를 만났어.
쟈쟈　이번 주 일요일에 일 있어?
수연　별 일 없는데.

본문 해석

쟈쟈   내가 동대문 가서 옷을 사려고 하는데, 같이 가자.
수연   좋아, 내가 같이 갈게.

10과

회화 1

재민   너 뭐하고 있어?
수연   나 인터넷으로 자료를 찾고 있어.
재민   보고서를 쓰는구나, 그렇지?
수연   응. 내일 보고서를 제출해야 해.
재민   그럼 얼른 써.

회화 2

쟈쟈   여보세요? 수연아, 주말에 영화 보러 가자. 어때?
수연   안돼. 나 시간이 없어.
쟈쟈   무슨 일로 바쁜데?
수연   곧 기말시험이라서, 공부해야 해.
쟈쟈   정말 열심이구나!
수연   어쩔 수 없어, 중간시험을 잘 못 봤거든.

11과

회화 1

재민   너희는 언제 방학하니?
리양   7월 15일.
재민   이번 방학에 무엇을 할 계획이야?
리양   아르바이트를 하려고. 너는 무슨 계획 있어?
재민   나는 중국에 가서 여행할 계획이야.

회화 2

쟈쟈   상해에 가 본 적 있어?
수연   아직 가 본 적 없어. 상해는 어때?
쟈쟈   내가 느끼기에는 야경이 정말 아름다워.
수연   나도 정말 가 보고 싶다.
쟈쟈   그럼 이번 방학에 와, 내가 가이드 해 줄게.
수연   좋아, 약속 했어!

한어병음방안

	a	o	e	-i	i	u	ü	ai	ei	ao	ou	ia	ie	iao	iou (iu)	ua	uo	uai	uei (ui)
b	ba	bo			bi	bu		bai	bei	bao			bie	biao					
p	pa	po			pi	pu		pai	pei	pao	pou		pie	piao					
m	ma	mo	me		mi	mu		mai	mei	mao	mou		mie	miao	miu				
f	fa	fo				fu			fei		fou								
d	da		de		di	du		dai	dei	dao	dou		die	diao	diu		duo		dui
t	ta		te		ti	tu		tai		tao	tou		tie	tiao			tuo		tui
n	na		ne		ni	nu	nü	nai	nei	nao	nou		nie	niao	niu		nuo		
l	la		le		li	lu	lü	lai	lei	lao	lou	lia	lie	liao	liu		luo		
g	ga		ge			gu		gai	gei	gao	gou					gua	guo	guai	gui
k	ka		ke			ku		kai	kei	kao	kou					kua	kuo	kuai	kui
h	ha		he			hu		hai	hei	hao	hou					hua	huo	huai	hui
j					ji		ju					jia	jie	jiao	jiu				
q					qi		qu					qia	qie	qiao	qiu				
x					xi		xu					xia	xie	xiao	xiu				
z	za		ze	zi		zu		zai	zei	zao	zou						zuo		zui
c	ca		ce	ci		cu		cai		cao	cou						cuo		cui
s	sa		se	si		su		sai		sao	sou						suo		sui
zh	zha		zhe	zhi		zhu		zhai	zhei	zhao	zhou					zhua	zhuo	zhuai	zhui
ch	cha		che	chi		chu		chai		chao	chou					chua	chuo	chuai	chui
sh	sha		she	shi		shu		shai	shei	shao	shou					shua	shuo	shuai	shui
r			re	ri		ru				rao	rou					rua	ruo		rui
	a	o	e		yi	wu	yu	ai	ei	ao	ou	ya	ye	yao	you	wa	wo	wai	wei

	üe	an	en	ang	eng	ong	er	ian	in	iang	ing	iong	uan	uen (un)	uang	ueng	üan	ün
b		ban	ben	bang	beng			bian	bin		bing							
p		pan	pen	pang	peng			pian	pin		ping							
m		man	men	mang	meng			mian	min		ming							
f		fan	fen	fang	feng													
d		dan	den	dang	deng	dong		dian			ding		duan	dun				
t		tan		tang	teng	tong		tian			ting		tuan	tun				
n	nüe	nan	nen	nang	neng	nong		nian	nin	niang	ning		nuan					
l	lüe	lan		lang	leng	long		lian	lin	liang	ling		luan	lun				
g		gan	gen	gang	geng	gong							guan	gun	guang			
k		kan	ken	kang	keng	kong							kuan	kun	kuang			
h		han	hen	hang	heng	hong							huan	hun	huang			
j	jue							jian	jin	jiang	jing	jiong					juan	jun
q	que							qian	qin	qiang	qing	qiong					quan	qun
x	xue							xian	xin	xiang	xing	xiong					xuan	xun
z		zan	zen	zang	zeng	zong							zuan	zun				
c		can	cen	cang	ceng	cong							cuan	cun				
s		san	sen	sang	seng	song							suan	sun				
zh		zhan	zhen	zhang	zheng	zhong							zhuan	zhun	zhuang			
ch		chan	chen	chang	cheng	chong							chuan	chun	chuang			
sh		shan	shen	shang	sheng								shuan	shun	shuang			
r		ran	ren	rang	reng	rong							ruan	run				
	yue	an	en	ang	eng		er	yan	yin	yang	ying	yong	wan	wen	wang	weng	yuan	yun

* 가장 아래쪽에 있는 음절들은 해당 음절이 단독으로 쓰일 때의 표기법입니다.
* 감탄사에 나오는 음절들(ng, hng 등)은 생략하였습니다.

발음 연습

성모·운모 연습

1 성모 연습 녹음을 듣고 일치하는 발음에 ✓를 표시하세요. `MP3 2-41`

(1)	A pà	( )	B bà	( )	(7)	A zì	( )	B cì	( )
(2)	A fú	( )	B hú	( )	(8)	A sè	( )	B shè	( )
(3)	A kuā	( )	B huā	( )	(9)	A sè	( )	B cè	( )
(4)	A jiān	( )	B qiān	( )	(10)	A zhǒng	( )	B jiǒng	( )
(5)	A xiāng	( )	B shāng	( )	(11)	A shēn	( )	B sēn	( )
(6)	A zhá	( )	B zá	( )	(12)	A rù	( )	B lù	( )

2 운모 연습 녹음을 듣고 일치하는 발음에 ✓를 표시하세요. `MP3 2-42`

(1)	A guǒ	( )	B gǒu	( )	(7)	A huán	( )	B hán	( )
(2)	A zhuāng	( )	B zhāng	( )	(8)	A bīn	( )	B bīng	( )
(3)	A yǒu	( )	B yǔ	( )	(9)	A héng	( )	B hóng	( )
(4)	A nǔ	( )	B nǚ	( )	(10)	A kēng	( )	B kōng	( )
(5)	A lú	( )	B lǘ	( )	(11)	A rén	( )	B rán	( )
(6)	A yuán	( )	B yán	( )	(12)	A mán	( )	B mén	( )

3 한어병음 연습 녹음을 듣고 한어병음을 완성하세요. `MP3 2-43`

(1) q _____
(2) x _____
(3) _____ u
(4) _____ a
(5) _____ e
(6) _____ i
(7) l _____
(8) ch _____
(9) s _____
(10) r _____
(11) _____ ng
(12) n _____

성조 연습

1 녹음을 듣고 일치하는 발음에 ✓를 표시하세요. MP3 2-44

(1) A xià ( )　B xiā ( )　(7) A jú ( )　B jǔ ( )
(2) A mǎi ( )　B mái ( )　(8) A qiáng ( )　B qiāng ( )
(3) A wú ( )　B wǔ ( )　(9) A zhèng ( )　B zhēng ( )
(4) A guāng ( )　B guǎng ( )　(10) A huī ( )　B huì ( )
(5) A zú ( )　B zū ( )　(11) A rú ( )　B rù ( )
(6) A zhèng ( )　B zhēng ( )　(12) A rén ( )　B rèn ( )

2 녹음을 듣고 한어병음에 성조를 표시하세요. MP3 2-45

(1) n u
(2) m o
(3) z e
(4) z h u a n g
(5) q u a n
(6) l i u
(7) y u a n
(8) t i a n
(9) j i a o
(10) y u e
(11) s h u i
(12) h u o

발음 연습

3 녹음을 듣고 경성에 주의하여 한어병음에 성조를 표시하세요. `MP3 2-46`

(1) g u a n x i

(2) l a o s h i

(3) p e n g y o u

(4) d o n g x i

(5) j i e j i e

(6) e r z i

(7) d i d i

(8) x i h u a n

(9) d o n g x i

(10) w o m e n

(11) l a o s h i

(12) z e n m e

종합 연습

1 녹음을 듣고 일치하는 음절이나 단어에 ✓를 표시하세요. MP3 2-47

(1) A jiā ( )   B zhā ( )   (11) A nǚ ( )   B nǚ ( )
(2) A chuí ( ) B qué ( )   (12) A zhǎng ( )   B jiǎng ( )
(3) A chǎng ( ) B qiǎng ( )   (13) A zhàopiàn ( ) B zhāopiàn ( )
(4) A xū ( )   B shū ( )   (14) A kāfēi ( )   B káfēi ( )
(5) A sōu ( )   B shōu ( )   (15) A nǚ'ér ( )   B nǚ'ér ( )
(6) A liè ( )   B lüè ( )   (16) A zāi jiàn ( ) B zài jiàn ( )
(7) A shǎo ( ) B xiǎo ( )   (17) A gōngzuò ( ) B gōngzhuò ( )
(8) A chóu ( ) B qiú ( )   (18) A píjiǔ ( )   B peíjiǔ ( )
(9) A yuè ( )   B yè ( )   (19) A lóngyì ( )   B róngyì ( )
(10) A jiǔ ( ) B zhǒu ( )   (20) A cǎoméi ( )   B cáoměi ( )

이름 맞추기

★ 힌트: 유명 인사나 국가명

(1) Màikè Jiékèsēn   (   )   (6) Àodàlìyà   (   )
(2) Àodàilì Hèběn   (   )   (7) Mòxīgē   (   )
(3) Àobāmǎ   (   )   (8) Gāngguǒ   (   )
(4) Bèikèhànmǔ   (   )   (9) Fēilǜbīn   (   )
(5) Bùlánní Sīpí'ěrsī (   )   (10) Yìndùníxīyà   (   )

간체자 쓰기

你	你
	你好
nǐ 너, 당신	nǐ hǎo 안녕

谢	谢
	谢谢
xiè 감사하다	xièxie 고맙습니다

客	客
	不客气
kè 손님	bú kèqi 천만에요

没	没
	没关系
méi 없다	méi guānxi 괜찮습니다

我	我
	我们
wǒ 나	wǒmen 우리

01 你好! 안녕하세요!

他	他们
tā 그	tāmen 그들

对	对不起
duì 대하다	duìbuqǐ 미안합니다

您	您好
nín 당신	nín hǎo 안녕하세요

师	老师
shī 스승	lǎoshī 선생님

✏️ '人(亻)'은 사람을 의미하고, 이 부수를 가진 한자들은 주로 사람과 관련이 있습니다. 해당하는 한자를 찾아 단어를 만들고 뜻과 발음을 쓰세요.

| 你 | 谢 | 们 | 家 | 他 | 师 |

연습문제

1 표의 빈칸을 채우세요.

한어병음	한자	뜻
méi guānxi		
bú kèqi		
	我	
	他	
		안녕히 가세요(계세요)
		좋다

2 다음 문장을 한어병음은 한자로, 한자는 한어병음으로 표기하세요.

(1) 谢谢！고맙습니다!

➡ _____

(2) 对不起！미안합니다!

➡ _____

(3) Zài jiàn! 잘가!

➡ _____

(4) Nǐ hǎo! 안녕!

➡ _____

3 단어를 소리 내어 읽고, 3성이 2성으로 변하는 음절을 고르세요.

(1) ① huǒguō　② měihǎo　③ nǎilào　④ hǎi tái

(2) ① hǎo jiǔ　② hǎo nán　③ hǎo chī　④ hǎo kàn

4 한어병음에 해당하는 한자를 연결하여 단어를 만드세요.

(1) wǒmen   (2) nín hǎo   (3) zài jiàn   (4) dàjiā   (5) lǎoshī

我   您   再   大   老

家   师   见   们   好

5 한국어를 중국어로 옮기세요.

(1) 안녕하세요!(아침 인사)

➡ _____

(2) 내일 만나요!

➡ _____

(3) 고맙습니다!

➡ _____

(4) 죄송합니다!

➡ _____

6 1과에서 배운 단어의 한어병음을 사용하여 아래 제시된 한어병음을 기준으로 빈칸을 적절하게 채우세요.

m	e	i	g	u	a	n	x	i

01 你好! 안녕하세요

간체자 쓰기

也	也
yě ~도, 또한	也好 yě hǎo (~도) 또한 좋다

去	去
qù 가다	去食堂 qù shítáng 식당에 가다

很	很
hěn 매우, 아주	很好 hěn hǎo (매우) 좋다

忙	忙
máng 바쁘다	很忙 hěn máng (매우) 바쁘다

吗	吗
문장 끝에 쓰이는 의문 어기조사 ma	忙吗 máng ma 바쁘십니까

02 你忙吗? 바쁘세요?

呢	呢
문장 끝에 쓰이는 의문 어기조사 ne	你呢 nǐ ne 당신은 요

哪	哪
nǎ 어디, 어느	哪儿 nǎr 어디, 어느 곳

馆	馆
guǎn ~건물	咖啡馆 kāfēiguǎn 커피숍

饿	饿
饿 è 배고프다	不饿 bú è 배고프지 않다

✎ '食(饣)'는 먹는 것을 의미하고, 이 부수를 가진 한자들은 주로 음식이나 먹는 동작 및 상황과 관련이 있습니다. 해당하는 한자를 찾아 단어를 만들고 뜻과 발음을 쓰세요.

食 哪 饿 忙 馆 堂 好

연습문제

1 표의 빈칸을 채우세요.

한어병음	한자	뜻
máng		
hěn		
	去	
	哪儿	
		커피숍
		아니다

2 다음 문장을 한어병음은 한자로, 한자는 한어병음으로 표기하세요.

(1) 你忙吗?

　➜ _____

(2) 我也很忙。

　➜ _____

(3) Nǐ qù nǎr?

　➜ _____

(4) Wǒ bú qù shítáng.

　➜ _____

3 단어를 소리 내 읽고, 一(yī)와 不(bù)의 성조를 표기하세요.

(1) ① yiyàng　② yiqǐ　③ yilián　④ yibān

(2) ① bu chī　② bu máng　③ bu hǎo　④ bu cuò

4 본문과 아래 한어병음을 참조하여 한자로 빈칸을 채우세요.

A: 你去_____?
　　Nǐ qù nǎr?

B: 我去_____。你去吗?
　　Wǒ qù kāfēiguǎn.　Nǐ qù ma?

A: 我_____去。
　　Wǒ　bú　qù.

5 한국어를 중국어로 옮기세요.

(1) 나는 매우 배가 고파요.

　　➡ _____

(2) 당신은 피곤한가요?

　　➡ _____

(3) 그녀는 어디에 가나요?

　　➡ _____

(4) 당신도 은행에 가나요?

　　➡ _____

6 다음 글을 참조하여 자신의 상황에 맞게 중국어로 쓰세요.

> 我早上去学校，晚上去图书馆，我很忙。

　　➡ _____。

➲ 활동 – 중국어 잰말놀이

1

妈妈骑马，

Māma qí mǎ,
어머니께서 말을 타시는데,

马慢，妈妈骂马。

mǎ màn, māma mà mǎ.
말이 느려서, 어머니께서 말을 나무라신다.

2

谁说十四是四四，

Shéi shuō shísì shì sì sì,
14를 4 4라고 말하는 녀석이 있으면,

就打谁十四。

jiù dǎ shéi shísì.
그 녀석을 14번 때려라.

谁说四十是细席，

Shéi shuō sìshí shì xì xí,
40을 xì xí라고 말하는 녀석이 있으면,

就打谁四十。

jiù dǎ shéi sìshí.
그 녀석을 40번 때려라.

활동 – 한어병음 퍼즐

1, 2과에서 배운 단어를 활용하여 한어병음으로 퍼즐을 완성하세요.

 가로

1. 의문을 나타내는 어기조사
3. 커피숍
5. 고맙다
7. 어디
12. 선생님

 세로

1. 바쁘다
2. 좋다
4. 학교
6. 괜찮습니다
8. 여러분
9. 매우
10. 은행
11. 피곤하다

15

간체자 쓰기

多　多少
duō 많다　duōshao 얼마

在　在哪儿
zài ~에 있다　zài nǎr 어디에 있습니까

叫　叫什么
jiào ~라고 부르다　jiào shénme (이름이) 무엇입니까

字　名字
zì 글자　míngzi 이름

姓　她姓韩。
xìng (성이) ~이다　Tā xìng Hán. 그녀는 한 씨입니다.

03 你叫什么名字？이름이 뭐예요?

'木'는 나무를 의미하고, 이 부수를 가진 한자들은 주로 식물 또는 기계와 관련이 있습니다. 해당하는 한자를 찾아 단어를 만들고 뜻과 발음을 쓰세요.

村　　手　　机　　学　　姓　　校

⤴ 연습문제

1 표의 빈칸을 채우세요.

한어병음	한자	뜻
shénme		
míngzi		
	中国	
	新村	
		얼마
		~이다

2 다음 문장을 한어병음은 한자로, 한자는 한어병음으로 표기하세요.

(1) Wǒ jiā zài Xiānggǎng.

➡ _____

(2) Nǐ jiā de diànhuà hàomǎ shì duōshao?

➡ _____

(3) 你叫什么名字?

➡ _____

(4) 你是中国人吗?

➡ _____

3 본문과 아래 한어병음을 참조하여 한자로 빈칸을 채우세요.

A: 你_____什么名字?
　Nǐ　jiào　shénme míngzi?

A: 你_____中国人吗?
　Nǐ　shì　Zhōngguórén ma?

B: 我_____韩, _____美英。
　Wǒ xìng Hán, jiào Měiyīng.

B: _____, 我是韩国人。
　Bú shì,　wǒ shì Hánguórén.

18

4 주어진 단어를 올바르게 배열하세요.

(1) 你　什么　电影　看

➡ _____

(2) 是　他　日本人　不是

➡ _____

(3) 他　香港　家　在

➡ _____

(4) 手机　的　多少　你　是　号码

➡ _____

5 한국어를 중국어로 옮기세요.

(1) 그는 이름이 뭐예요?

➡ _____

(2) 그는 한국인이 아니라 중국인이에요.

➡ _____

(3) 그녀의 집은 신촌에 있습니다.

➡ _____

(4) 학번이 어떻게 돼요?

➡ _____

6 다음 글을 참조하여 자신의 상황에 맞게 중국어로 쓰세요.

> 我叫张美兰，是韩国人。
> 我家在大田，我的手机号码是010-3127-9845。

➡ _____

간체자 쓰기

学	学
	学生
學 xué 배우다	xuésheng 학생

汉	汉
	汉语
漢 hàn 한나라, 한족	Hànyǔ 중국어

年	年
	年级
nián 년	niánjí 학년

难	难
	很难
難 nán 어렵다	hěn nán (매우) 어렵다

吧	吧
	是吧
ba ~하자	shì ba 그렇죠

04 你学什么? 당신은 무엇을 배우세요?

意	意
	有意思
yì 뜻	yǒuyìsi 재미있다

音	音
	音乐
yīn 음	yīnyuè 음악

语	语
	英语
語 yǔ 말	Yīngyǔ 영어

喝	喝
	喝咖啡
hē 마시다	hē kāfēi 커피를 마시다

✎ '口'는 입을 의미하고 이 부수를 가진 한자들은 주로 입으로 하는 동작들과 관련이 있습니다. 해당하는 한자를 찾아 단어를 만들고 뜻과 발음을 쓰세요.

| 吃　　难　　语　　喝　　咖　　汉　　啡　　吧 |

연습문제

1 표의 빈칸을 채우세요.

한어병음	한자	뜻
nán		
hē		
	大学生	
		중국어
	年级	
		재미있다

2 다음 문장을 한어병음은 한자로, 한자는 한어병음으로 표기하세요.

(1) 你上几年级?

　➡ _____

(2) 你是中国人吧?

　➡ _____

(3) Rìyǔ nán bu nán?

　➡ _____

(4) Zhè shì Zhōngguó chá.

　➡ _____

3 본문과 아래 한어병음을 참조하여 한자로 빈칸을 채우세요.

A: 你学_____?
Nǐ xué shénme?

A: 英语_____?
Yīngyǔ nán bu nán?

B: 我学英语。
Wǒ xué Yīngyǔ.

B: 不难，很_____。
Bù nán, hěn róngyì.

4 주어진 단어를 올바르게 배열하세요.

(1) 大学　你　上　年级　几

➡ _____

(2) 汉语　有　很　意思　也

➡ _____

(3) 是　你　不是　中国人

➡ _____

(4) 吃　汉堡　你们　不吃

➡ _____

5 한국어를 중국어로 옮기세요.

(1) 그는 한국사람이고, 잘 생겼어요.

➡ _____

(2) 그는 대학교 3학년이고 일어를 배워요.

➡ _____

(3) 무엇을 마실 거예요? 커피 마셔요?

➡ _____

(4) 배고파요? 식당에 갈래요?

➡ _____

6 다음 글을 참조하여 자신의 상황에 맞게 중국어로 쓰세요.

> 我叫韩美英，上大学一年级。
> 我学汉语，汉语很有意思。

➡ _____

➔ 활동 – 중국 출국하기

중국 입국 카드를 작성하세요.

外国人入境卡
ARRIVAL CARD

请交边防检查官员查验
For Immigration clearance

姓 Family name		名 Given names	

国际 Nationality

护照号码 Passport No.

在华住址 Intended Address in China

男 Male ☐   女 Female ☐

出生日期 Date of birth   年Year 月Month 日Day

入境事由(只能填写一项) Purpose of visit {one only}

签证号码 Visa No.

会议 / 商务 Conference / Business ☐

访问 Visit ☐

观光 / 休闲 Sightseeing / in leisure ☐

签证签发地 Place of visa Issuance

探亲访友 Visiting friends or relatives ☐

就业 Employment ☐

学习 Study ☐

航班号 / 船名 / 车次 Flight No / Ship's name / Train No.

返回常住地 Return home ☐

定居 Settle down ☐

其他 Others ☐

以上申明真实准确
I hereby declare that the statement given above is true and accurate.

签名 Signature _____

➔ 활동 – 나라 이름 맞추기

나라 이름을 중국어로 발음한 후 한국어로 쓰세요.

한자	한어병음	나라 이름
英国	Yīngguó	
德国	Déguó	
法国	Fǎguó	
意大利	Yìdàlì	
西班牙	Xībānyá	
泰国	Tàiguó	
新加坡	Xīnjiāpō	
印度尼西亚	Yìndùníxīyà	
马来西亚	Mǎláixīyà	
越南	Yuènán	
伊拉克	Yīlākè	
埃及	Āijí	
南非	Nánfēi	
俄罗斯	Éluósī	
加拿大	Jiānádà	
巴西	Bāxī	
墨西哥	Mòxīgē	
阿根廷	Āgēntíng	
澳大利亚	Àodàlìyà	
新西兰	Xīnxīlán	

간체자 쓰기

月	月			
yuè 월	几月			
	jǐ yuè 몇 월			

真	真			
眞 zhēn 참으로	真的			
	zhēn de 정말			

快	快			
kuài 빠르다	快乐			
	kuàilè 즐겁다			

今	今			
jīn 현재	今天			
	jīntiān 오늘			

星	星			
xīng 별	星期			
	xīngqī 요일			

05 今天星期几? 오늘은 무슨 요일이에요?

期	期
	星期
qī 기간	xīngqī 요일

晚	晚
	晚上
wǎn 늦다	wǎnshang 저녁

做	做
	做什么
zuò 하다	zuò shénme 무엇을 하다

电	电
	电影
電 diàn 전기	diànyǐng 영화

✎ '日'는 해를 의미하고 이 부수를 가진 한자들은 주로 시간, 빛과 관련이 있습니다. 해당하는 한자를 찾아 단어를 만들고 뜻과 발음을 쓰세요.

晚　吃　昨　快　明　时　喝　吗

⊃ 연습문제

1 표의 빈칸을 채우세요.

한어병음	한자	뜻
zuótiān		
zhù		
	中秋节	
		(~을) 하다
	电视	
		토요일

2 다음 문장을 한어병음은 한자로, 한자는 한어병음으로 표기하세요.

(1) 我去新村看电影。

➡ _____

(2) 我的生日是二月十四号。

➡ _____

(3) Míngtiān wǎnshang nǐ zuò shénme?

➡ _____

(4) Zhōngguó Guóqìng Jié shì jǐ yuè jǐ hào?

➡ _____

3 본문과 아래 한어병음을 참조하여 한자로 빈칸을 채우세요.

A: 明天_____?
Míngtiān xīngqī jǐ?

A: 上午你_____?
Shàngwǔ nǐ zuò shénme?

B: 星期天。
Xīngqītiān.

B: 我_____商店_____东西。
Wǒ qù shāngdiàn mǎi dōngxi.

4 주어진 단어를 올바르게 배열하세요.

(1) 今天　你　什么　下午　做
➡ _____

(2) 明天　的　是　我　生日　男朋友
➡ _____

(3) 去　我　喝　咖啡馆　星期天　咖啡
➡ _____

(4) 一月　是　星期　十九　几　号
➡ _____

5 한국어를 중국어로 옮기세요.

(1) 내일 당신 생일이죠. 생일 축하해요!
➡ _____

(2) 오늘 금요일이라서, 오후에 아르바이트하러 가요.
➡ _____

(3) 다음 주 화요일은 추석인데, 당신은 무얼 하세요?
➡ _____

(4) 오늘 수업이 없어서, 저는 친구를 만나러 신촌에 갑니다.
➡ _____

6 다음 글을 참조하여 자신의 상황에 맞게 중국어로 쓰세요.

明天五月十号，是我的生日。
我跟朋友一起吃饭，一起去电影院看电影。

➡ _____

간체자 쓰기

作 zuò 하다
作
工作 gōngzuò 일하다

公 gōng 공통의
公
公司 gōngsī 회사

员 員 yuán 사람
员
职员 zhíyuán 직원

出 chū 나가다
出
出差 chū chāi 출장 가다

谁 誰 shéi 누구
谁
是谁 shì shéi 누구예요

07 他在公司工作。그는 회사에서 일해요.

岁	岁
歲 suì ~세, 살	几岁 jǐ suì 몇 살

男	男
nán 남자	男朋友 nánpéngyou 남자친구

亮	亮
liàng 밝다	漂亮 piàoliang 예쁘다

常	常
cháng 자주	常常 chángcháng 자주

✏️ 言(讠)은 말을 의미하며, 이 부수를 가진 한자들은 주로 말과 관련이 있습니다. 해당하는 한자를 찾아 단어를 만들고 뜻과 발음을 쓰세요.

语　你　说　做　话　谁　汉　行

🔁 연습문제

1 표의 빈칸을 채우세요.

한어병음	한자	뜻
bàba		
shuài		
	姐姐	
		자주
	还	
		기자

2 다음 문장을 한어병음은 한자로, 한자는 한어병음으로 표기하세요.

(1) 你哥哥今年多大?

➡ _____

(2) 你爸爸做什么工作?

➡ _____

(3) Wǒ jiějie hái méiyǒu nánpéngyou.

➡ _____

(4) Tā zài gōngsī gōngzuò, shì gōngsī zhíyuán.

➡ _____

3 본문과 아래 한어병음을 참조하여 한자로 빈칸을 채우세요.

A: 你家_____几口人? B: 三口人，爸爸、妈妈____我。
Nǐ jiā yǒu jǐ kǒu rén? Sān kǒu rén, bàba、māma hé wǒ.

A: 你爸爸_____? B: 他____银行____，是银行____。
Nǐ bàba zuò shénme gōngzuò? Tā zài yínháng gōngzuò, shì yínháng zhíyuán.

A: 他工作_____? B: 很忙，_____出差。
Tā gōngzuò máng ma? Hěn máng, chángcháng chū chāi.

4 주어진 단어를 올바르게 배열하세요.

(1) 他们　食堂　吃　学生　在　午饭

➡ _____

(2) 还　我　没有　手机　弟弟

➡ _____

(3) 首尔　很　冬天　冷

➡ _____

(4) 看　星期天　家　我　在　电视

➡ _____

5 한국어를 중국어로 옮기세요.

(1) 저는 여동생 한 명이 있는데, 그녀는 공부를 잘 해요.

➡ _____

(2) 우리 아버지는 기자이셔서, 자주 출장 가세요.

➡ _____

(3) 당신 어머니는 참 젊으시네요. 올해 연세가 어떻게 되세요?

➡ _____

(4) 나는 오늘 수업이 없어서, 학교에 안 가고 집에서 책을 봐요.

➡ _____

6 다음 글을 참조하여 자신의 상황에 맞게 중국어로 쓰세요.

> 我家有四口人，爸爸、妈妈、弟弟和我。我爸爸在公司工作，他很忙。妈妈不工作。我弟弟十八岁，是高中二年级学生。我是大学生，在大学学习音乐。

➡ _____

활동 – 중국어 문장 부호

중국어 문장 부호의 용법에 맞게 빈칸을 채우세요.

부호	부호명	사용 용도
。	句号 jùhào	마침표, 온점
，	逗号 dòuhào	쉼표
、	顿号 dùnhào	모점 (문장 안의 병렬된 단어와 구 사이에 짧은 휴지를 나타낼 때)
？	问号 wènhào	물음표
！	叹号 tànhào	느낌표
；	分号 fēnhào	쌍반점, 세미콜론 (문장을 일단 끊었다가 이어서 설명을 더 할 경우)
：	冒号 màohào	쌍점, 콜론 (비교적 긴 목적어를 가질 경우나 편지 등의 맨 처음 호칭 뒤에 사용)

1 你的生日几月几号☐

2 他在公司工作☐

3 我家有四口人☐爸爸☐妈妈☐弟弟和我☐

4 哇☐你妹妹真漂亮☐

5 张老师☐
    您好☐我想请你来我家吃晚饭☐

➔ 활동 – 중국어 숫자 알기

각 숫자가 중국어에서 나타내는 의미와 연결해 보세요.

88　　•　　　　　　　　　•　　我爱你

687　　•　　　　　　　　　•　　我想你

587　　•　　　　　　　　　•　　气死我了

7456　　•　　　　　　　　　•　　我抱歉

530　　•　　　　　　　　　•　　对不起

520　　•　　　　　　　　　•　　拜拜

간체자 쓰기

现 xiàn 현재
现
现在
xiànzài 지금

课 kè 수업
课
下课
xià kè 수업을 마치다

想 xiǎng ~하고 싶다
想
想吃
xiǎng chī 먹고 싶다

请 qǐng 접대하다
请
请客
qǐng kè 한턱 내다

爱 ài 사랑하다
爱
爱你
ài nǐ 당신을 사랑하다

08 你想吃什么? 무엇을 먹고 싶으세요?

菜 cài 요리, 음식
菜
韩国菜 Hánguó cài 한국 음식

辣 là 맵다
辣
有点儿辣 yǒudiǎnr là 약간 맵다

味 wèi 맛, 냄새
味
味道 wèidao 맛

样 樣 yàng 모양
样
怎么样 zěnmeyàng 어때요

✏️ '手(扌)'는 손을 의미하며 이 부수를 가진 한자들은 주로 손으로 하는 동작이나 행위와 관련이 있습니다. 해당하는 한자를 찾아 단어를 만들고 뜻과 발음을 쓰세요.

| 打 | 物 | 样 | 请 | 快 | 祝 | 馆 | 拌 |

연습문제

1 표의 빈칸을 채우세요.

한어병음	한자	뜻
qǐng kè		
	怎么样	
		맵다
wèidao		
	有点儿	
		(전화를) 걸다

2 다음 문장을 한어병음은 한자로, 한자는 한어병음으로 표기하세요.

(1) Nǐ jǐ diǎn shàng kè?

→ _____

(2) Jīntiān wǒ qǐng kè, nǐ xiǎng chī shénme?

→ _____

(3) 下课以后我们一起吃晚饭吧。

→ _____

(4) 咖啡有点儿苦，不过我很爱喝。

→ _____

3 본문과 아래 한어병음을 참조하여 한자로 빈칸을 채우세요.

A: 你_____吃韩国菜吗?
Nǐ xǐhuan chī Hánguó cài ma?

A: 味道_____样?
Wèidao zěnmeyàng?

B: 对，我_____爱吃。
Duì, wǒ hěn ài chī.

B: _____辣，_____很好吃。
Yǒudiǎnr là, búguò hěn hǎochī.

4 주어진 단어를 올바르게 배열하세요.

(1) 以后   吃饭   吧   我们   一起去   咖啡   喝

➡ _____

(2) 短信   你   吧   有   给我   时间   发

➡ _____

短信 duǎnxìn 명 문자

(3) 去   中国   吃   我想   餐厅   麻辣烫

➡ _____

(4) 我   今天   累   游泳   不想   很   去

➡ _____

5 한국어를 중국어로 옮기세요.

(1) 몇 시에 수업이에요? 수업 끝나고 같이 영화를 보는 게 어때요?

➡ _____

(2) 오늘 나는 상점에 가서 엄마의 생일선물을 삽니다.

➡ _____

礼物 lǐwù 명 선물

(3) 오늘 제가 한턱 낼게요. 뭐 드시고 싶으세요?

➡ _____

(4) 이 음식은 조금 짜지만 아주 맛있어요.

➡ _____

6 다음 글을 참조하여 자신의 상황에 맞게 중국어로 쓰세요.

> 我爱吃韩国菜，韩国菜有点儿辣，不过很好吃。
> 今天晚上朋友请客，我跟他一起去吃烤肉。

➡ _____

간체자 쓰기

喜	喜
xǐ 기쁘다	喜欢
	xǐhuan 좋아하다

游	游
yóu 헤엄치다	游泳
	yóu yǒng 수영하다

唱	唱
chàng 노래하다	唱歌
	chàng gē 노래를 부르다

教	教
敎 jiāo 가르치다	教我
	jiāo wǒ 나를 가르치다

时	时
時 shí 시간	时间
	shíjiān 시간

09 你喜欢做什么? 당신은 무엇하는 것을 좋아하세요?

题	题
	没问题
题 tí 문제	méi wèntí 문제없다, 자신있다

服	服
	衣服
fú 의복	yīfu 옷

事	事
	有事儿
shì 일	yǒu shìr 일이 있다

跟	跟
	跟你去
gēn ~와(과), ~에게	gēn nǐ qù 너와 함께 가다

✏️ '水(氵)'는 물을 의미하며 이 부수를 가진 한자들은 주로 물과 관련이 있습니다. 해당하는 한자를 찾아 단어를 만들고 뜻과 발음을 쓰세요.

| 游 | 冷 | 汉 | 球 | 街 | 语 |

➲ 연습문제

1 표의 빈칸을 채우세요.

한어병음	한자	뜻
chàng gē		
	一起	
		가르치다
shíjiān		
	没事儿	
		테니스

2 다음 문장을 한어병음은 한자로, 한자는 한어병음으로 표기하세요.

(1) Wǒ xǐhuan yóu yǒng, nǐ huì yóu yǒng ma?

➡ _____

(2) Yǒu shíjiān nǐ jiāo wǒ Hànyǔ ba.

➡ _____

(3) 这个星期天我没事儿，一起去逛街吧。

➡ _____

(4) 昨天我跟朋友一起去看演唱会了。

➡ _____

3 본문과 아래 한어병음을 참조하여 한자로 빈칸을 채우세요.

A: 我_____唱歌。你呢?
Wǒ xǐhuan chàng gē. Nǐ ne?

B: 我喜欢_____。
Wǒ xǐhuan yóu yǒng.

你_____游泳_____?
Nǐ huì yóu yǒng ma?

A: 不会，_____时间你_____
Bú huì, yǒu shíjiān nǐ jiāo

我_____。
wǒ ba.

B: 好，_____问题。
Hǎo, méi wèntí.

4 주어진 단어를 올바르게 배열하세요.

(1) 钢琴　不会　想　我　弹　学　很
→ _____

(2) 你　教　有　我　时间　吧　跳舞
→ _____

(3) 我　昨天　健身房　去　了　运动
→ _____

(4) 星期天　公园　这个　跟　我　男朋友　一起去　玩儿
→ _____

5 한국어를 중국어로 옮기세요.

(1) 저는 테니스를 좋아하고, 수영은 좋아하지 않아요.
→ _____

(2) 제가 시간이 되면 당신에게 자전거 타는 법을 가르쳐 줄게요.
→ _____

骑 qí 동 (말·자전거 등에) 타다
自行车 zìxíngchē 명 자전거

(3) 저는 지난 일요일에 가족과 함께 부산에 여행 갔어요.
→ _____

(4) 저는 중국어는 할 줄 알지만, 일본어는 할 줄 몰라요.
→ _____

6 다음 글을 참조하여 자신의 상황에 맞게 중국어로 쓰세요.

我喜欢运动，上个星期天我去游泳了。
这个星期天我没事儿，我想跟妹妹一起去打网球。

→ _____

활동 – 베이징 올림픽

2008년 베이징 올림픽 운동 종목 중 밑줄 친 운동의 중국어 명칭을 알아 보세요.

Wrestling	Weightlifting	Water Polo	1 _____	Triathlon	Trampoline	Canoe/Kayak Flatwater
2 _____	Taekwondo	3 _____	Synchronized Swimming	4 _____	Softball	Judo
Shooting	Sailing	Rowing	Rhythmic Gymnastics	Modern Pentathlon	Canoe/Kayak Slalom	Hockey
Handball	5 _____	Fencing	Equestrian	Diving	Cycling	Boxing
6 _____	7 _____	Athletics	Artistic Gymnastics	Archery	Beach Volleyball	8 _____

1 배구　2 테니스　3 탁구　4 수영　5 축구　6 야구　7 배드민턴　8 농구

➔ 활동 – 중국어 단어 놀이

먹을 것과 관련된 단어를 읽고 의미를 추측해서 한국어로 써 보세요.

咖啡 kāfēi

1

热狗 règǒu

2

可乐 kělè

3

汉堡 hànbǎo

4

比萨 bǐsà

5

沙拉 shālā

6

간체자 쓰기

交
交钱
jiāo 제출하다
jiāo qián 돈을 지불하다

考
考试
kǎo (시험 등을) 보다
kǎoshì 시험, 시험을 보다

办
办法
bàn 처리하다
bànfǎ 방법

查
查字
chá 찾아보다
chá zì 글자를 찾다

料
资料
liào 재료
zīliào 자료

10 你在做什么? 무엇을 하고 있나요?

写 xiě 쓰다
写汉字 xiě hànzì 한자를 쓰다

报 報 bào 보고하다
报告 bàogào 보고서

期 qī 시기
期末 qīmò 기말

功 gōng 성과
用功 yònggōng 노력하다, 열심히 하다

心(忄)은 마음을 의미하고 이 부수를 가진 한자들은 주로 심리와 관련이 있습니다. 해당하는 한자를 찾아 단어를 만들고 뜻과 발음을 쓰세요.

| 忙 | 块 | 报 | 快 | 林 | 课 | 晚 | 得 |

연습문제

1 표의 빈칸을 채우세요.

한어병음	한자	뜻
	查	
děi		
bàogào		
		열심히 하다
	资料	
		방법이 없다

2 다음 문장을 한어병음은 한자로, 한자는 한어병음으로 표기하세요.

(1) 我在上网学汉语。

→ _____

(2) 快期末考试了，我得去图书馆学习。

→ _____

(3) Xīngqīliù yě děi shàng bān.

→ _____

(4) Wǒ wǎngqiú dǎ de bú tài hǎo.

→ _____

3 본문과 아래 한어병음을 참조하여 한자로 빈칸을 채우세요.

A: 我_____上网查资料。
Wǒ zài shàng wǎng chá zīliào.

A: 对，星期一_____交报告。
Duì, xīngqīyī děi jiāo bàogào.

B: 写报告，_____？
Xiě bàogào, shì ma?

B: 那你_____写吧。
Nà nǐ kuài xiě ba.

4 주어진 단어를 올바르게 배열하세요.

(1) 看　在　电影　我　上网
→ _____

(2) 明天　作业　交　得
→ _____

(3) 快　我们　了　放假
→ _____

(4) 歌　唱　不好　我　唱　得
→ _____

5 한국어를 중국어로 옮기세요.

(1) 저는 지금 인터넷으로 물건을 사고 있어요.
→ _____

(2) 내일 보고서를 제출해야 하니 빨리 쓰세요.
→ _____

(3) 곧 영어시험이라 도서관 가서 공부해야 해요.
→ _____

(4) 중국어 회화 시험을 잘 못 봤어요.
→ _____

6 다음 글을 참조하여 자신의 상황에 맞게 중국어로 쓰세요.

这个周末我没有时间。快期末考试了，我得准备考试。

→ _____

➔ 간체자 쓰기

候 hòu 때, 철
候
时候 shíhou 때, 시간

算 suàn 계산하다
算
打算 dǎsuan ~할 계획이다

美 měi 아름답다
美
很美 hěn měi (매우) 아름답다

划 劃 huà 계획하다
划
计划 jìhuà 계획, 계획하다

定 dìng 정하다
定
一言为定 yìyán wéidìng 번복함이 없이 한 마디로 약속하다

11 你去过上海吗? 상해에 가본 적 있나요?

海 hǎi 바다
海
上海 Shànghǎi (지명) 상해

景 jǐng 경치
景
景色 jǐngsè 경치

假 jià 휴가
假
假期 jiàqī 방학

夜 yè 밤
夜
夜景 yèjǐng 야경

✎ '艹'는 풀을 의미하고 이 부수를 가진 한자들은 주로 풀과 관련이 있습니다. 해당하는 한자를 찾아 단어를 만들고 뜻과 발음을 쓰세요.

| 查 | 菜 | 景 | 茶 | 想 | 要 | 语 | 算 |

연습문제

1 표의 빈칸을 채우세요.

한어병음	한자	뜻
jìhuà		
yìyán wéidìng		
	假期	
		야경
	打算	
		언제

2 다음 문장을 한어병음은 한자로, 한자는 한어병음으로 표기하세요.

(1) 这个假期我要运动。

➡ _____

(2) 我打算去美国旅行。

➡ _____

(3) Nǐmen shénme shíhou kāi xué?

➡ _____

(4) Nǐ lái Shànghǎi, wǒ dāng nǐ de dǎoyóu.

➡ _____

3 본문과 아래 한어병음을 참조하여 한자로 빈칸을 채우세요.

A: 你去_____北京吗?
　　Nǐ　qùguo　Běijīng ma?

B: _____没有。
　　Hái　　méiyǒu.

北京怎么样?
Běijīng zěnmeyàng?

A: 我_____北京很有意思,
　　Wǒ　juéde Běijīng hěn yǒuyìsi,

菜也很好吃。
cài yě hěn hǎochī.

B: 是吗? 我很想去_____。
　　Shì ma? Wǒ hěn xiǎng qù kànkan.

4 주어진 단어를 올바르게 배열하세요.

(1) 毕业　打算　什么　以后　做　你
➡ _____

(2) 你们　计划　什么　有　暑假
➡ _____

暑假 shǔjià 몡 여름방학

(3) 我　夜景　香港　很　的　美　觉得
➡ _____

(4) 吧　这个　来　假期　韩国　那　你
➡ _____

5 한국어를 중국어로 옮기세요.

(1) 우리 언제 방학 하나요?
➡ _____

(2) 여동생은 이번 방학기간에 운전을 배울 계획입니다.
➡ _____

(3) 저는 제주도의 경치가 매우 아름답다고 생각합니다.
➡ _____

风景 fēngjǐng 몡 경치

(4) 중국 차 마셔봤나요?
➡ _____

6 다음 글을 참조하여 자신의 상황에 맞게 중국어로 쓰세요.

我学过汉语，不过我还没去过中国。
我打算这个假期跟家人一起去北京旅行。

➡ _____

➲ 활동 – 중국 기차 여행

중국 기차표를 보고 각 질문에 답하세요.

1 출발 날짜와 시간은? _____

2 도착지는? _____

3 기차표의 가격은? _____

4 열차 번호는? _____

5 열차의 차량 번호와 좌석 번호는? _____

활동 - 중국 도시 명칭

중국 지도에서 위치에 맞는 도시의 중국어 명칭을 알아 보세요.

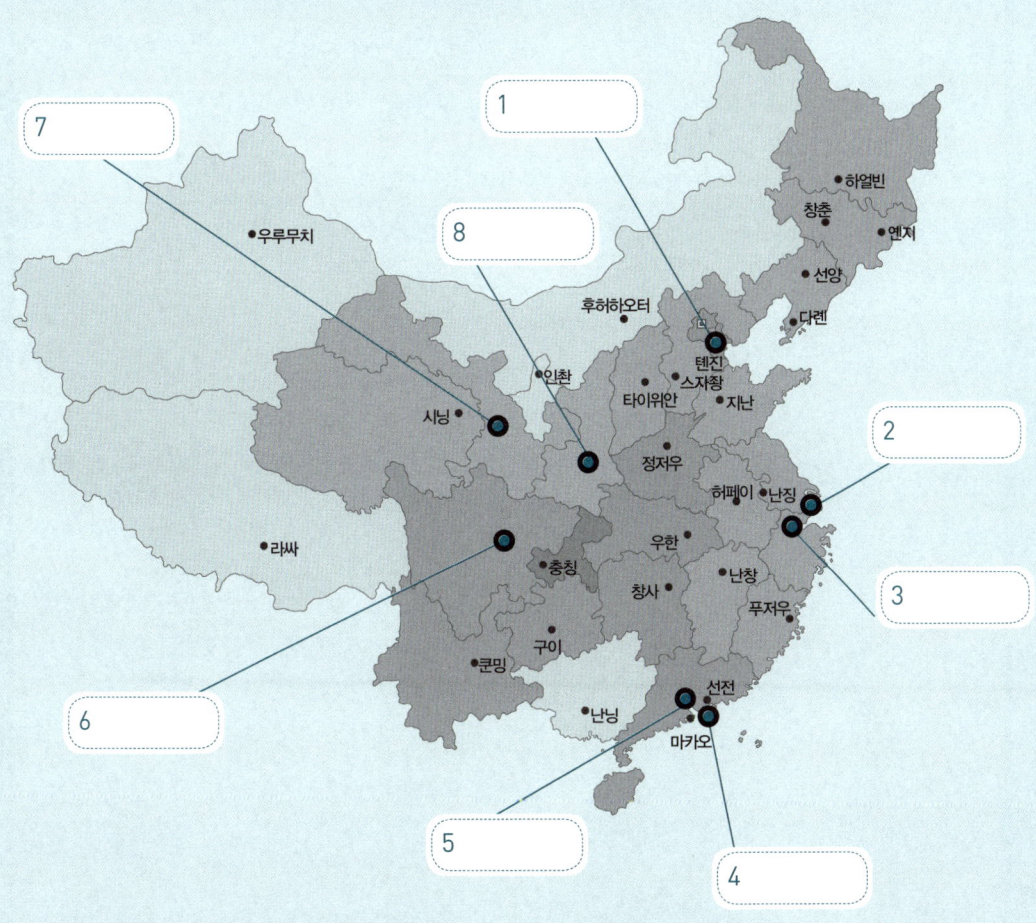

1 북경   2 상해   3 항주   4 홍콩   5 광주   6 성도   7 란주   8 서안